放送大学叢書　060

これからの学力と学習支援

心理学から見た学び

はじめに

本書は、放送大学で2014年度から6年間にわたって開講された番組『学力と学習支援の心理学』の放送教材と印刷教材をもとに、その後の教育界の動向を踏まえて大幅に改訂し、「放送大学叢書」の一冊に加えていただいたものである。もともとの番組は、全15回のシリーズになっており、筆者（市川）が全体の監修と9回分、4人の分担講師が5回分の講義を担当し、最終回は、全員の座談会という構成であった。

放送大学叢書は単著を原則としているということで、筆者が自分の担当した章を中心として再構成し加筆することとした。そのため、国語、社会、数学、理科、英語といった各教科ごとの話題は割愛せざるをえなかった。ただ、その他の章でも、理論や学術的知見の紹介だけで終わらずに、教科の実践に即した内容はかなり多く含まれており、これはもとの番組での方針でもあった。また、座談会での分担講師の方たちの思いは、本書の最終章に再録させてもらった。

放送大学の番組を制作した2012〜2013年はまだ前回の学習指導要領（2008年改訂）が全面実施されたばかりであった。さらにこの番組が終了した2019年度というと、現行学習指導要領（2017年改訂）の全面実施を控えた移行期にあたるときだった。それにもかかわらず、この番組は評価を得て、終了後も放送大学アーカイブズで再放送され、叢書にも加えていただいたというのは、ある種の古さと新しさをもっていたからではないかと思っている。

「古さ」というのは、よい言葉でいえば普遍性ということだ。学習心理学、教育心理学の分野の理論や知見で、現在の教育にも参考になりそうなことは、たとえ100年以上前の話題でも触れている。また、認知心理学の黎明期、発展期も、すでに30〜40年前のことになるが、教科教育の改善を考える上では、大いに参考になる。このころの学術的テーマが、実は、昨今の教育界での、習得・活用・探究、深い学び、メタ認知、学習の自己調整、個別最適な学び、協働的な学びなどに生かされていることは興味深いことである。

このようなキーワードを見ると、心理学以外の分野からは、本書の内容は「新しい」ように見えるだろう。実際、もとの放送大学番組の終了を控えたころ、視聴者、とくに学校教員の方々からは、「2017年改訂の新学習指導要領を実施していくにあたってこそ、この番組の内容は参考になる」と言っていただけたのを覚えている。

さらに、放送大学叢書として加筆するにあたって、実際に新しい内容を入れたのは、今回の学習指導要領改訂や学習評価の改善に関連した教育政策の動向である。これは、たまたま筆者がこの20年間、中央教育審議会の教育課程部会委員や有識者ワーキンググループの委員を務めていて、情報が得やすかったからでもある。

しかし、それは、単なる偶然ではないし、心理学と教育界の動向を無理に関連づけたものでもない。先人から現在の中堅・若手に至るまで堅実に積み重ねてきた努力の自然な流れとして、心理学が教育実践や教育政策にも影響力をもつものとなったからと言える。本書を手にとられた教育関係者に、その一端を感じ取っていただければこれにまさる喜びはない。

最後になってしまったが、放送大学の番組制作にご尽力いただいたスタッフの方々、出演してくださった学校や地域の方々、叢書としての再編集の労をとってくださった左右社の塙花梨さんに、心より感謝申し上げたい。

2023年6月　市川伸一

これからの学力と学習支援　心理学から見た学び　目次

第一部

個から見た学習

◉第一章

学力をとらえる視点

学力の意味と学力をめぐる議論を概観する。学力については、知識・技能の到達度という狭義の意味から、思考力や表現力など、さらに、学習意欲や学習スキルまで含む広い意味がある。

また、教育の変遷にある対立軸として、一方には、教師主導主義、教科重視、他方には、学習者中心主義、生活重視の教育観がある。

教育心理学は、学力の構造や機能について理論的裏づけとなったり、実験や調査による知見を提供したりしてきた。最近は、教科の基礎基本とともに、生活への活用をめざした学力の形成が重視され、学習指導要領の改訂へとつながっていった。

1. 学力をめぐる議論――対立軸を取り出す

(1)「学力とは何をさすのか」という議論――定義論

学力という言葉は、日常的には、学校で教えられる知識や技能をどれだけ身につけているかをさすのに用いられる。そして、それを測定する方法は、通常は「テスト」である。しかし、学校教員、教育学者、教育行政関係者など、いわゆる「教育界」では、もっと広い意味で使われることもあり、その定義自体が議論になったりする。また、論者によって意味合いが違うことから、たとえば「学力低下」などを論じる際に、混乱が生じることもよく見られることである。

問題となるのは、狭い意味での知識・技能から漏れてしまうような能力の位置づけである。たとえば、思考力、判断力、表現力などは、「○○を知っている」「○○ができる」というような具体的な課題遂行成績ではなく、それらの根底にある一般的で抽象的な能力をさしている。こうした能力を育てることは、まさに学校教育のめざすところでもあり、教師は個々の児童・生徒がそういう力をどれくらいもっているかをある程度把握しているだろう。ところが、学力をテストの点で測定されるような知識・技能として定義すると、こうした能力が含まれなくなってしまう。

さらに、どれくらい意欲的に学習にとりくむかとか、学習の方法を工夫しているかなど、学習行動に関する個人的特性のようなものも、学力に含めて考えるべきであるという考え方もある。もちろん、これらも学校で育てるべき重要な資質であることは間違いないが、果たしてこれらは能力なのか、さらには、学力と呼ぶべきなのかどうかは議論の分かれるところである。一方では、学力とは、あくまでも「学問（教科）的な知識・技能の達成度（academic achievement）」に限るべきだという主張があり、他方では、学習意欲や学習スキルなどの態度面も含めて広くとらえるべきだという主張があるのが現状である。

こうした議論は、教育学の中でも古くからなされており、1960年代後半から1970年代初期にかけて、学力を広くとらえる広岡亮蔵と、態度面を学力に含めるのは混乱を招くという勝田守一の学力論争が知られている。ただし、論争が「何を学力と名づけるか」という定義論のみに終わってしまっては、あまり生産的なものにはならないだろう。何を学力と呼ぶかは、それぞれの論者が決めた上で、自分の議論を立てればよいからである。とはいえ、それらが論者によって大きく食い違っていると、誤解が

	測りやすい力	測りにくい力
学んだ力	知識 （狭義の）技能	読解力、論述力 討論力、批判的思考力 問題解決力、追究力
学ぶ力		学習意欲、知的好奇心 学習計画力、学習方法 集中力、持続力 （教わる、教え合う、学び合うときの） コミュニケーション力

表1-1　学力の二元的分類（市川、2002）

生じたり、議論がかみ合わないことが起こる。最近は、学力を広くとらえた上で、その中に含まれる概念を整理しようという方向になっている。

市川（2002）は、学んだ結果として身についた力と、学ぶために必要な力という分類、客観的で正確に測りやすい力と、測りにくい力という分類を組み合わせて、表1−1のようにさまざまな学力を整理している。この学ぶ力としての学力は、「学習力」と呼ばれることもしばしばある。また、志水（2005）の「学力の樹モデル」では、前述したような知識・技能、汎用的能力、学習力を木の葉、幹、根に例えて、それぞれを学力A、学力B、学力Cと呼んでいる。

コラム1-1　「学力の三要素」と「資質・能力の三つの柱」

2007年に学校教育法が改正されたときに、「基礎的な知識・技能」「思考力・判断力・表現力等の能力」「主体的に学習に取り組む力」が学校で育てるべき学力とされた。これは、その後も「学力の三要素」として、中央教育審議会（中教審）や文部科学省（文科省）が学力を論じるときの基本となっている。2017年の学習指導要領の改訂にあたっては、これにほぼ対応して育てるべき資質・能力の「三つの柱」を、「知識及び技能」「思考力、判断力、表現力等」「学びに向かう力、人間性等」としている。

（2）「どのような学力をめざすのか」という議論 ——目標論

学力というものを広い意味でとらえた場合、いったいどのような学力に重点をおき、教育の目標とするのか、という議論がある。もともと、教育というのは、大人になってからの生活、職業、文化などに参加するための準備として、必要な知識・技能を身につけさせるものであるから、読み書き、計算、科学や社会についての基本的な内容、さらには、文学、音楽、美術などの情操的教育、体育での身体面の訓練などがはいってくるのは当然であり、大きな議論にはならない。しかし、時代が進み、一方では社会に出てから求められる能力が高度化し、一方では学校での修業年限が長くなってくると、どのような資質・能力を育てようとするのかという考え方もさまざまになる。

中世において、学校に行けるのは、貴族の子弟など、ごく限られた階層の人々であった。そこで教えられたのは、ラテン語やユークリッド幾何学に代表されるような教養的内容であり、同時にこれらは将来大人になって知的な活動をするための頭の訓練になると思われていた。近代学校が普及して多くの子どもたちが学校に通うようになると、生活や職業に直接的に役立つ実用的知識を教えることが求められるようになる。間接的に将来役に立つ抽象的能力を身につけるという考え方は**形式陶冶**、直接的に役に立つような内容を教えるという考え方は**実質陶冶**と呼ばれる。これは、教育目標やカリキュラムを考える際にも、つねに現れる対立軸である。

形式陶冶の考え方が説得力をもつかどうかは、学校で身につけたとされる能力が、他の場面でもどれくらい有効にはたらくかという問題でもあり、これは**学習の転移**（transfer）として心理学で扱われてきた。20世紀初頭に、アメリカ政府から研究委託を受けた教育心理学者ソーンダイク（E.L Thorndike）は、学習の転移はなかなか起こるものではないと報告したという。そのため、学校のカリキュラムはラテン語やユークリッド幾何学などを縮減・廃止し、より実用的なものに脱皮していったという経緯がある。

しかし、心理学の中でも、学習の転移についての議論はその後現在に至るまで続いており、必ずしも決着がついているわけではない。学校では、中学や高校において、必ずしもすべての生徒が将来使うわけではない数学や外国語を必修にする根拠の一つとして、形式陶冶の考え方が生きていることも確かである。より広くとらえれば、学校は転移を期待して学問的系統に沿って教えていけばよいという**教科主義**（**系統主義**）をとるのか、転移はあまり期待できないので生活上必要な実用的知識を教えていくほうがよいという**生活主義**をとるのかという根本的で難しい問題にも通じている。

（3）「どのように学力を育てるのか」という議論――指導論

どのように学力を育てるのかについても、基本的な考え方の違いがある。一方では、すでに教科の内容をよく理解している教師が、カリキュラムや指導方法を考えて生徒たちに教えていくという**教師主導主義**の立場がある。しかし、こうした考え方では、生徒が知識を与えられるのを待つような受動的な学習者になりやすいことや、生徒自身の興味・関心と乖離した内容を押しつけられて意欲をなくしてしまうという問題が指摘されるようになった。そこで、他方では、子ども自身の興味・関心・理解状態などに配慮した条件・環境を設定し、教師はその中で支援者の役割を果たすことで、生徒が主体的・能動的に学習できるはずだという**学習者中心主義**（児童中心主義）の立場がある。

我が国の教育についてみると、幼稚園や小学校では、学習者中心主義の考え方が強く、中学校・高校では、教師主導主義の考え方が強いと言えるだろう。これは、学年が上がるほど、多くの難しい内容を習得することが課せられるようになるのと対応している。しかし、必ずしもそれが当然であるとか、効果的であるということではない。たとえば、中学校・高校では、教師が一方的に説明していく講義型の授業がかなり多いが、授業がわからないという生徒を大量に生み出しているという状況がある。逆に、いわゆる「ゆとり教育」以来、小学校で児童中心主義がいっそう強くなりすぎて、教師が教えることを手控えてしまい、基礎基本の習得が不十分になっているのではないかという指摘がなされている（市川、2002）。

また、最近とりわけ注目されている指導形態として、**協働学習**（collaborative learning）がある。これは、ペアや少人数グループでのコミュニケーションを通して理解を深めることをねらうもので、その背景には、人間の認識は個人の頭の中だけで成立するものではなく、他者とのやりとりによってつくられていくという**社会的構成主義**の思想がある。

1970〜1980年代には、学習の個別化、個性化が叫ばれ、一人一人に応じた解説、課題、評価を行うのが理想的な教育とされたのと、ある意味では対照的な動向と言えるだろう。最近、一部の教科で取り入れられている「習熟度別指導」というのは、個別化教育の延長にある指導形態だが、協働学習では、むしろ多様な理解度や考えをもった児童・生徒たちが相互に触発し合うことが期待されている（コラム1−2参照）。

指導の仕方によって学習者に形成される学力の質は異なってくるから、「どのような学力をめざすのか」という議論と「どのように指導するのか」という議論は切り離すことができない。かつての学習指導要領は「学習内

コラム1-2 「個別最適な学び」と「協働的な学び」

『令和の日本型学校教育』という中教審答申（2021）では、「個別最適な学び」と「協働的な学び」が一体的に実現されることを前面に打ち出している。個別最適な学びとして、あらためて個別化と個性化が注目されている。**個別化**とは、共通の学習目標を達成するにしても、その方法や進度はいろいろであり、学習者が自分にあった学び方をしていくことをさす。**個性化**とは、個性や興味・関心に応じて、それぞれの目標や活動を追求していくことである。しかし、これらが孤立した学びになってしまってはならず、それぞれの学習者が互いに協力したり、異なる考えを出し合って高め合うというような協働的な学びとの両立をはかっていくことがめざされている。

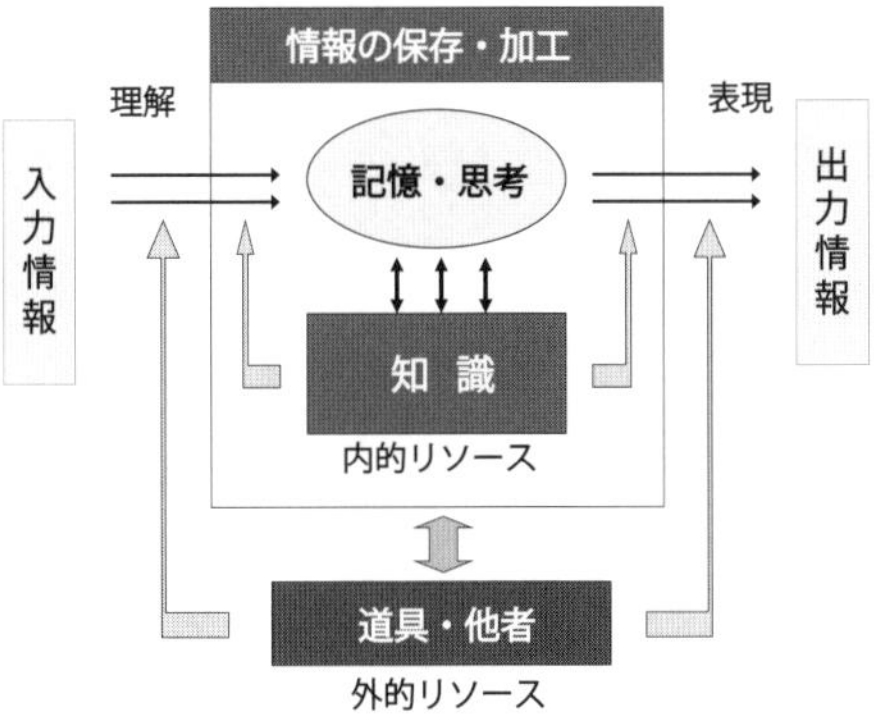

図1-1　人間の認知モデル

容は示すが、方法については学校現場の裁量や教師の研究にまかせる」という意味合いが強かった。しかし、2017年の改訂にあたっては、これから求められる資質・能力を育成するには、講義式の授業に終わるのではなく、学習者の能動的なグループワークや発表・討論などの**アクティブ・ラーニング**が重視されることとなった。最終的には、**主体的・対話的で深い学び**という表現で学習指導要領に取り入れられている。

2．学力についての最近の議論

(1)認知心理学から見た学力――構造論

学力とは何かという議論が定義論や分類学に

終わってしまっては、あまり生産的とは言えないし、教育実践にとって有効な示唆を与えるものとはならないことを述べた。20世紀後半からしだいに盛んになった**認知心理学**（cognitive psychology）の考え方は、単純な分類を超えて、学力の構造を考える上でのモデルを提供している。

認知心理学では、図1―1のモデルに示すように、身体（とくに脳）というハードウェアに、知識・技能にあたるプログラムやデータを備えた一種の**情報処理システム**として人間をとらえる。教科の学習というのも、教科書や教師から入力情報を得て、それをもとに記憶や思考をし、発表、討論、レポート、テストなどで出力するという高度な情報処理行動とみなせる。とくに人間が動物とも機械とも異なる特徴として、入力から出力に至る情報処理のさまざまな段階で、すでにもっている知識を**内的リソース**（材料、資源）として活用する点と、道具や他者を**外的リソース**として利用する点があげられる。

学力とは、記憶、理解、推論、判断、問題解決、表現など、教科学習に関わる情報処理パフォーマンスの総体として見ることができる。このようにとらえることにより、児童・生徒の学習を効果的なものにするためには、情報の入力にあたる教え方（情報提示）の工夫だけではなく、学習者がもっている既有知識、素朴概念、学習方略などを考慮に入れることの大切さがわかるであろう。第三章で扱う「認知カウンセリング」という個別学習支援は、こうした認知モデルをもとに、学習者自身が自立的に学習をすすめられるようになることをめざしている。

(2)「はたらき」から見た学力──機能論

学力をめぐる論議は、ややもすると学問(平たく言えば教科の勉強)がどれだけできるかという議論に閉じてしまいがちである。1980年代に、**学校知批判**、すなわち学校で教わる知識は生活とかけ離れており、子どもの興味・関心を引きつけることもできないばかりか、子どもの将来の役にも立っていないのではないかという主張が出されたこともあり、その後の教育論は、生活との関連を重視するようになってきている。

1990年代の半ばから中央教育審議会が採用している**生きる力**というスローガンは、学力、人間性、健康・体力を3つの柱としており、1998年、2008年の学習指導要領にも使われている。その中で**確かな学力**と呼ばれているものは、基礎基本的な知識・技能だけでなく、思考力・判断力・表現力なども含めており、単なるペーパーテスト学力ではなく、生活の中で活用・応用できる学力をめざしている。

時を同じくして、経済協力開発機構（OECD）は、**キー・コンピテンシー**という社会で生活するために必要な基本的能力を提案し、新しい国際学力調査としてPISA（programme for international student assessment）を開発した。これは、日常生活の中で現れるような問題状況の中で、いかに学校で習った知識・技能が活用できるかを測定するものであり、ここで測られる学力を**リテラシー**と呼んでいる。読解リテラシー、数学的リテラシー、科学的リテラシーを中心として、2000年度から3年ごとに世界各国・地域で実施されている。

こうした動向を見ると、学力そのものが単に「学校の勉強がよくできること」以上に、生活上の文脈に即して生かされるという、機能面に着目するようになったことがわかる。図1-1の認知モデルというのは、学校での教科の学習だけにあてはまるものではなく、もともと日常的な生活全体の中における人間の知的活動のしくみを表したものである。ここでの内的リソースとしての知識や、学習のしかたなどの技能、外的リソースを活用するスキルなどは教科学習を進めるときだけなく、生活においてもはたらくものとなってほしいということがある。これは、「目標論」の言葉でいえば、生活に転移する学力を求めていることになる。

（3）学力の実態をめぐる議論──実態論

受験競争にも支えられて、日本の子どもたちの学力は非常に高いというのが、かつての通念であった。もちろん、その学力の高さというのが、いわゆるペーパーテスト学力であって、習った知識・技能を着実に身につけているという意味では優れているが、創造性や表現力においてはけっして高くないという批判はあった。しかし、少なくとも教科の基礎学力においては世界のトップレベルにあると思われていたのである。

そうした認識に立って、中教審や文部省は、1990年代に知識の量よりも問題解決やコミュニケーションの能力を重視する方向性を提示し、これは**新しい学力観**と呼ばれた。1990年代後半からは、「ゆとりの中で生きる力を育む」という**ゆとり教育**の理念が浸透し、それが1998年の改訂で「ゆとりの集大成」として結実したことになる。この改訂では、俗に「3割削減」と言われるほど、教科必修の内容や時数が減らされ、中学校では選択科目が増加した。小中高を通じて「総合的な学習の時間」が導入されたのもこのときである。

ところが、その改訂直後に、もはや日本の生徒たちの学習意欲や基礎学力はかなり低下しているということが、大学関係者、受験界、教育社会学者などからあいついで指摘

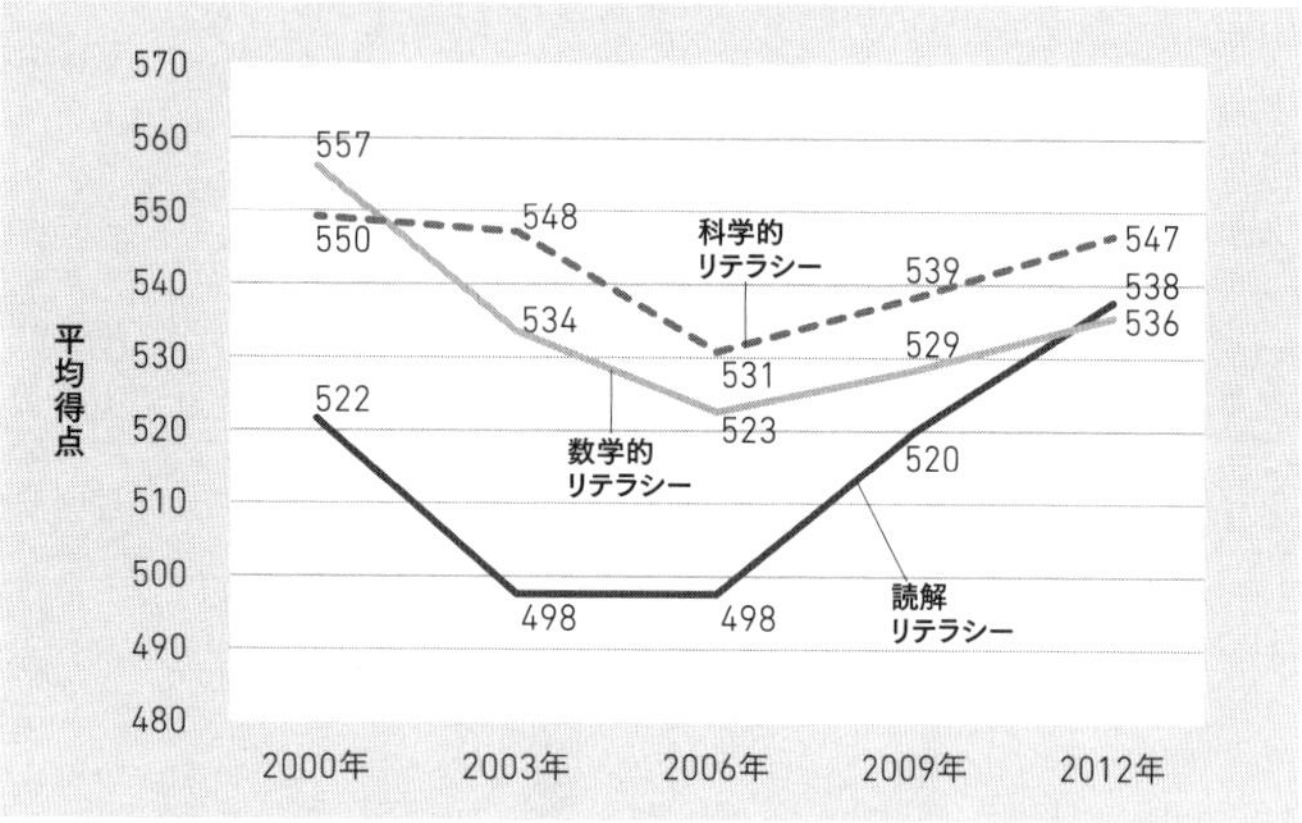

図1-2　国際学力到達度調査PISAに見る学力の低下と回復

されることになり、日本の子どもの学力は「おおむね良好」とする文部省や学校教育関係者との間で**学力低下論争**が湧き起こった。また、とくに教育社会学者からは、平均的に低下しているというだけでなく、社会階層を再生産するような形で格差が広がっていることも問題視された。

　論争が最も盛んであった2000年前後には、学力の実態を表す十分なデータがなかったことや、「学力とは何をさすのか」、「今度どのような学力をめざすのか」というような点があいまいなことから、議論がかみ合わない面もあった。しかし、その後の国際学力調査でも低下傾向が示されるようになり（図1－2）、文部科学省も2007

年度から全国学力調査を実施して実態把握に務めるとともに、2008年の学習指導要領改訂では、授業時数を増加させ、かつて削減された内容を復活させるなどの対策をとっている。ここでは、「ゆとり」か「詰め込みか」を越えて、**習得・活用・探究**を軸とする統合的なカリキュラムがめざされるようになっている。

参考図書

・市川伸一（2002）『学力低下論争』ちくま新書
　1998年の学習指導要領改訂の直後に教育界、マスコミでわき起こった学力低下論争について、さまざまな論者の意見と調査データを引用しながら整理している。とくに、この論争は、「学力が本当に低下しているのか」という軸だけではなく、「どのような教育改革をめざすのか」という軸が重要である。大局的にはこの二次元内で三極構造をなしていることを指摘し、それぞれのグループ間、グループ内での論点の共通点と相違点を描いている。

・東京大学学校教育高度化センター（編）（２００９）『基礎学力を問う：21世紀日本の教育への提言』東京大学出版会

教育学、教育社会学、教育行政学、教育心理学など、多方面から基礎学力をめぐっての論考が展開されている。とくに、学力低下論とその後の動向について詳しい。

・日本教育方法学会（編）（２０１７）『学習指導要領の改訂に関する教育方法学的検討：「資質・能力」と「教科の本質」をめぐって』図書文化社

２０１７年に改訂された学習指導要領は、本文でも解説したように、育成すべき資質・能力をベースにしたもので、心理学的な理論や知見もかなり反映されている。教育関係者にはおおむね肯定的にとらえられているように見えるが、一方では批判的な観点もあり、本書はその一つとして参考になるだろう。

◉第二章

学習意欲を育む

近年、日本の子どもたちの学習意欲が低下していると言われている。データで確認してから、心理学における学習動機の分類を概観する。外発と内発の動機づけを対比させつつ、「2要因モデル」でより多面的・統合的に考えていく。

また、動機づけの認知理論では、自らの行動が成功に結びつくかという見込みや、実際にその行動が自分にとれそうかという見込みから、意欲を出すかどうか無意識的に決められると考える。

学習意欲を高める即効薬や万能薬がないとしても、学習指導においては、具体的にどのような方法がありうるのか、個人差にどう対処するのか、授業づくりではどういう点に配慮する必要があるかを考えてみよう。

1. 学習意欲の推移

(1)日本の子どもたちの学習意欲の低さ

第一章では、2000年前後に日本の子どもたちの学力が低下していることが指摘され、いわゆる「学力低下論争」が起こったことを紹介した。そこでは、学力が本当に低下しているのかどうかが、「ゆとり教育論者」と「学力低下論者」の間の争点の一つとなったわけだが、どちらの論者にしても認めていた大きな事実がある。それは、日本の子どもたちの学習意欲が非常に低いということである。とくに数学や理科についての生徒の関心・意欲が減退して、**理数離れ**が起こっていると言われて久しい。

このことは、IEA(国際学力到達度評価学会)の実施している国際学力調査の成績が、世界のトップクラスであったころからすでに問題視されていた。たとえば、1999年のIEA調査の質問紙では、「理科が好きだ」という中2生徒が56%で参加21カ国中最下位(国際平均73%)、「理科の勉強が楽しい」という生徒が53%で下から2位(国際平均73%)、「理科は生活の中で大切だ」という生徒が48%で最下位(国際平均79%)、「将来理科を使う仕事がしたい」という生徒が20%で最下位(国際平均47%)という結果である。

理科に限らず、学習自体をおもしろいとか、生活上大切だという感覚をもてないまま、ペーパーテストでは高い成績を収めているのが日本の子どもの特徴と見ることができる。その背景に、テストや受験による大きなプレッシャーがあるということは、以前から日本の教育界で言われてきた問題である。ただ、上記のような国際調査結果をどう解釈し改善するかは、論者によってさまざまである。

ゆとり教育論者にしてみると、これは、日本の教育が知識の詰め込みになっていることの結果であるという。教科内容を減らして、体験的な活動を多く入れるようにし、さらに「総合的な学習の時間」を通じて、子どもの興味・関心に沿った学習を展開する必要があるということになり、教育改革を進める根拠とされる。

一方、学力低下論者から見ると、これは、日本の教育改革がうまくいっていないことの表れなのである。1989年の学習指導要領改訂以降、1990年代には「新しい学力観」が強調され、「関心・意欲・態度」が重視されているにもかかわらず、とくに理科や数学の時数削減のために、実験・体験・生活との結びつきなどを教えようと思ってもできない。また、教科内容の削減で、知識を断片的なものとして教えざるをえなくなってしまったというしだいである。

（2）学習意欲の経年変化——藤沢市の調査から

では、学習全般について、学習意欲が低下傾向にあると言えるのだろうか。神奈川県藤沢市は、1965年以降5年おきに、市内の中学3年生全員に対する「学習意識調査」を行っている。その中で、学習意欲に関するものとして「あなたはもっと勉強がしたいと思いますか」という項目がある。次のページの図2-1は、その回答の変化を示したものであるが、「もっと勉強したい」という生徒が確実に減少し、「勉強はもうしたくない」という生徒の割合が増えていることが見てとれる。ただし、2000～2010年で下げ止まり、その後は、若干の回復傾向が見られる。

こうした変化はどう解釈できるのだろうか。社会的背景としては、1970年代以降少子化による受験競争の緩和や、あまり勉強に駆り立てないという社会的風潮もあると思われるが、逆に言えば、そうした外からの圧力がなければ、学校教育は子どもたちの関心・意欲をうまく引き出せてこなかったことが示唆される。一方、第一章で見たように、教育政策としては2000年代にはいって、いわゆる「脱ゆとり」が起こり、学力向上策に転じたことが上昇をもたらしつつあるとも考えられる。ただし、学習指導要領の改訂（2008年、2017年）では単にテストのための学習に駆り立てるのではな

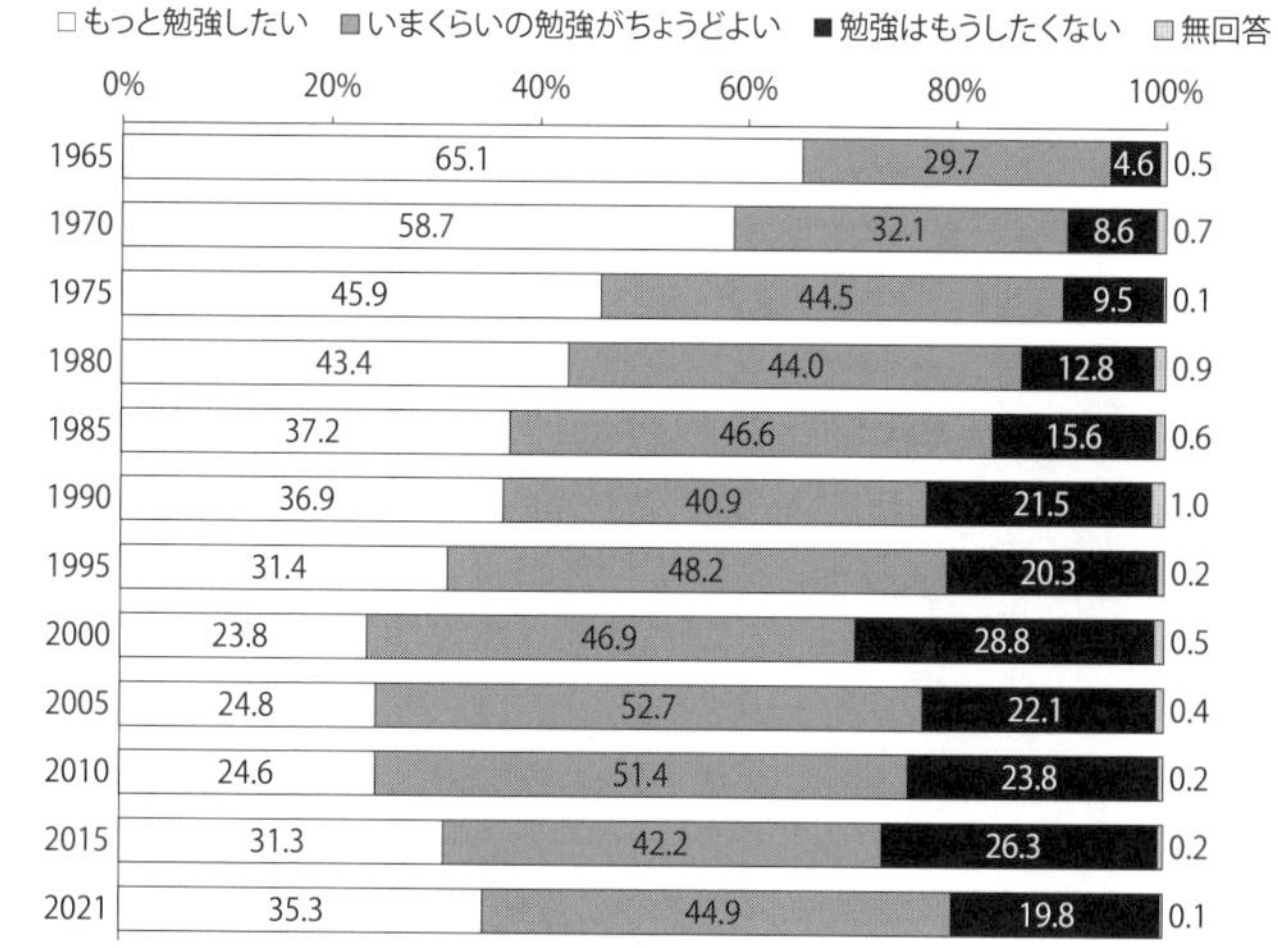

図2-1　中学3年生の学習意欲（藤沢市、2022）

く、興味・関心や主体的な学習態度を育てることを重視している。その効果と言えるのかどうかは、今後の注意深い検証が必要だろう。

2. 心理学における学習意欲のとらえ方

（1）外発的動機づけと内発的動機づけ

心理学では学習や仕事への意欲、いわゆる「やる気」の問題を、**動機づけ**（motivation）として扱ってきた。動機（motive）とは、個々の行動を起こすときの心理的な理由にあたるものであるが、その背後にあって動機を生じさせる基本的な欲求が動機づけということになる。伝統的に、動機づけには、外発的なものと内発的なものがあるとされてきた。

19世紀から20世紀半ばまで主流であった行動主義心理学においては、一般に動物は賞罰を与えられることによって学習すると考えられている。人間の場合であれば、親や教師からの賞賛・叱責、まわりからの賞賛、さらにはもっと直接的なごほうびなどをもらうことによって、望ましいとされる行動を身につけていく。このように、生理的欲求、社会的欲求など、他の欲求を満たすための手段として喚起される意欲は**外発的動機づけ**（extrinsic motivation）と呼ばれる。

それに対して、1950年代ごろから強調されるようになったのが、**内発的動機づけ**（intrinsic motivation）である。これは、他の報酬を得るための手段としてではなく、学習それ自体を目的とするような欲求である。たとえば、新規な刺激や情報を求めるという**知的好奇心**、知識の関連やものごとの原因・理由を知りたいという**理解欲求**、技能に習熟してうまくできるようになりたいという**向上心**などをあげることができる。

内発的動機づけは、進化の系統の中で高次にある動物に備わった欲求と考えられ、報酬を伴わなくても生じる。しかも、内発的に行っている行動に、むやみに報酬を伴わせると、かえって内発的な意欲が低下してしまうことがあり、これは**内発的動機づけの減退効果**（undermining effect）と呼ばれている。デシ（Deci, 1971）は、大学生を対象にして、実験群にはパズルを解けると金銭的報酬を与えることにし、報酬なしの対照群の学生と比較した。その後、自由にすごしてよい休憩時間にどれくらいこのパズルを行うかを観察したところ、実験群の学生は、自発的にこのパズルを行う時間が明らかに少なくなってしまったのである。もともと興味をもっていた課題が、報酬をもらう経験によって手段化してしまったことを思わせる実験結果だ。

（2）学習動機の分類と構造——2要因モデル

児童・生徒が学習する動機は、けっして内発と外発の二分法で割り切れるものではない。市川（1995）は、大学1年生に対して、「人はなぜ勉強するのか」「自分の場合はどうか」という学習の動機や目的を自由記述で収集し、あがってきたさまざまな動機を分類して構造化した**2要因モデル**を提案している。

図2−2に示すように、学習動機は大きく6つに分類されるが、学習による直接的な報酬をどの程度期待しているかを横の次元、学習内容そのものを重視しているかを縦の

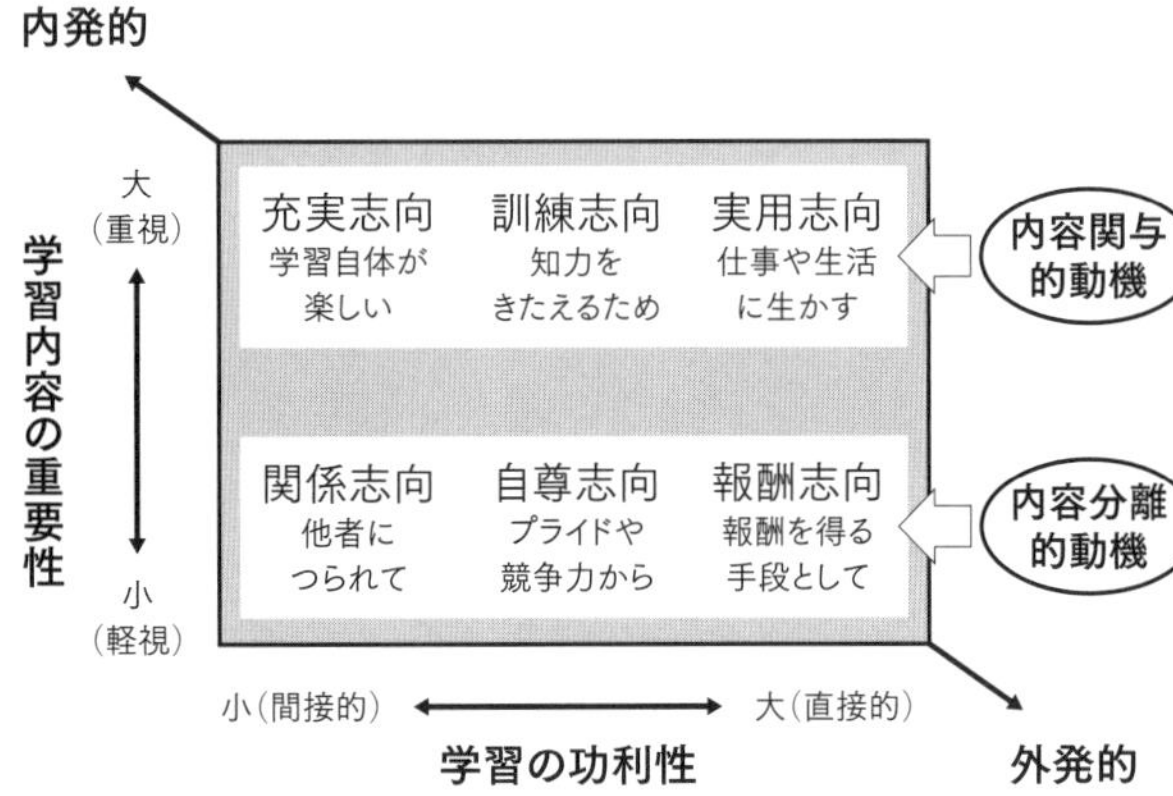

図2-2 学習動機の2要因モデル

次元とし6つの動機を位置づけている。その後の調査（市川他、1998）を通じて、上の3つの動機は相互に相関が高く、まとめて**内容関与的動機**、下の3つも相互に相関が高く、**内容分離的動機**と名づけられた。従来の内発的、外発的という軸はこの図の斜め軸にあたるものとされている。

　学習指導を行うときに、個々の子どもがさまざまな学習動機をもった存在であることには注意しなくてはならない。こうした学習動機の個人差は、教師の中にもあり、教師の学習動機と生徒の学習動機がずれていると、教師が生徒の興味・関心を高めようとしてせっかく用意した教材や課題が、生徒によっては受け止められないことにもなる。たとえば、実用志向の強い生徒にとっては、おもしろいだけでなく、何の役に立つのかがわからないと興味がわかないだろう。

また、教育関係者は一般に内容関与的動機にあたるものを「好ましい動機」としてとらえがちだが、低学年の児童や自信を失った生徒にいきなりこれらの動機を期待しても難しいところがある。むしろ、仲のよい友だちとの協働的な学びの場を設けたり、ほめて自信をもたせたりするような内容分離的動機からはいることも有効だろう。ただし、いつまでもそれらの動機だけに留まるのではなく、しだいに内容関与的動機が芽生えてくるような指導も重要である。2要因モデルは学習動機を分類したものではあるが、学習者を固定的なタイプに分けて、それに応じた方策をとればよいというものではないことに注意する必要がある。

(3)やる気が出る・出ないのしくみ――動機づけの認知理論から

学習に対する動機づけが高いかどうかは、けっして生まれつき決まっているわけではなく、個人的経験や社会的条件によって形成された認識によって決まるという一群の理論があり、「動機づけの認知理論」と呼ばれている。動機づけという情意的なものが、実は、各自のものの見方、すなわち認知に基づいているというわけである。

たとえば、アトキンソン（Atkinson, 1964）の**期待・価値理論**では、動機づけは、期待と価値の積（期待×価値）によって決まると考える。ここでいう期待とは、どれくらいの確率で求める対象が得られそうかという見込みであり、価値とは、その対象が自分にとってどれくらい有益であるかという評価である。志望校をめざして受験勉強をしている生徒が、どれくらいやる気になるかは、どれくらい受かる見込みがあるかということと、その志望校がどれくらい魅力があるかの両方の強さで決まることになる。積であるから、どちらかがほぼゼロであれば、一方だけが高くても意欲はわいてこない。

学習における成功の見込みというのは、自分が努力すれば目標が達せられるという経験をどれくらい積んできたかに依存する。つまり、自分の行動と成功・失敗が伴っているという**随伴性の認知**があれば、やる気にもつながることになる。逆に、成功するか失敗するかが、自分の行動と無関係に生じるのであれば、やる気をもって取り組むことは起こりにくい。このことを、動物実験によって明確に示したのが、セリグマンらの**学習性無力感**（learned helplessness）の研究であった（Seligman & Maier,1967,コラム2−1参照）。この現象は、人間の場合でも実験的に示されており、「自分が何か行動をしても、どうせ結果に影響

コラム2-1　学習性無力感の実験

自分の行動と結果が随伴しないということを学習してしまうと、動物でも無気力になってしまうというのが、学習性無力感(learned helplessness) という現象である。

足から電気ショックが与えられたとき、ボタンを押すなどの適切な行動をとれば電気ショックが止まるような装置にイヌを入れておく。これは、通常の学習実験であり、イヌは試行錯誤しながら、ボタンを押して電気ショックから逃れるということを学習する。第2の学習場面では、電気ショックが来たときに、仕切り板を飛び越えて別の部屋に移動すれば、逃れることができる。これもまたイヌは学習する。

しかし、セリグマンらの実験では、第1の学習場面で、イヌがどのような行動をとっても電気ショックから逃れられないような状況にしておいた。いずれ電気ショックは止まるが、これは、イヌの行動とはまったく関係がない。すると、イヌは、甘んじて電気ショックを受けるだけの状態になってしまった。そして、そのイヌは第2場面で、今度は逃れる手段が与えられているにもかかわらず、試行錯誤的に行動することをせず、ショックを受け続けるだけになってしまうのである。一見すると、「無気力なイヌ」に見える。

これは、行動と結果が随伴しないことが第1場面で学習され、さらに第2場面にも転移(第一章参照)してしまったと考えることができる。「学習性」というのは、「学習することに対して無気力になる」という意味ではなく、原語にもあるように、「学習された無力感」ということなので注意しよう。つまり、無力感は先天的なものではなく、経験を通じて後天的に獲得されたものだというのである。

を与えることはできない」という認知を後天的に獲得してしまったためとされている。

バンデューラ（Bandura, 1986）の提案した結果期待と効力期待という考え方にも触れておきたい。**結果期待**（outcome expectancy）とは、自分がある行動をとればよい結果が得られるだろうという見込みのことで、随伴性の認知にあたる。一方、自分はそのような行動を実際にとれるかという見込みが**効力期待**（efficacy expectancy）である。たとえば、「1日5時間勉強すれば必ず合格するはずだ」という結果期待をもっていても、自分が1日5時間勉強するという見込みがもてなければ効力期待は低いことになる。つまり、「やれば成功するはずだが、とてもやれない」と感じてしまえば、やる気にはつながらない。学習指導の場合にも、随伴性の認知を高めるだけでなく、学習者が「これなら自分でもできそうだ」と思えるような、実行可能な学習方法を教示する必要がある。

行動をとっても成功しないかもしれないという不安を潜在的にもっていると、自尊心や他者からの評価を下げないようにするため、あえて努力を差し控えてしまうことも起こりうる。これは、**セルフ・ハンディキャッピング**（self-handicapping）と呼ばれる一種の自己防衛反応である。コラム2−2は、しだいに勉強をしなくなってしまった中学生M君の様子である。彼は、「学校の勉強は役に立たないからやる気が出ない」と言っているが、いかに役に立つかということを説得しても、あまり効果はなさそうだ。セルフ・ハンディキャッピングによる解釈では、「勉強しても成績が上がらなかったら、頭がよくなかったということになる。勉強しなければ、本当はやればできる、という自己評価や他者評価を保つことができるだろう」という無意識的な推論に基づいて、やる気を抑制していることになる。つまり、自分は不利な状態にあったので実力を発揮できなかったのだという言い訳を自らつくってしまうわけである。

3．どのように学習意欲を引き出すか

（1）心理学的な理論からの示唆

学習意欲は長年にわたる個人的な経験や認知から形成されてきたものであるから、急にやる気が出てくるような即効薬や、だれにでもきく万能薬があるわけではない。しかし、心理学の理論から見たときに、徐々にきいてくるような方法は示唆される。教育場面での学習意欲がどのように育まれるか、あるいは逆に損なわれてしまうかを考えてみよう。

コラム2-2　学習意欲を失ってしまったM君をどう理解するか

M君は、現在中学3年生。小学校のときは、とくによく勉強していたわけではないが、たいへん成績の良い子どもだった。自分でも勉強が得意なほうだと思っていた。ところが、中2の1学期くらいから成績が下がり始め、中3になるとまったく勉強する意欲がなくなってしまった。

M君に言わせると、学校の勉強は、なぜこんなことをしなくてはいけないのか、わからないことばかりだという。多くの大人が、中学校で勉強した英語や数学などを使っているとは思えない。できれば大学にも進学したいが、何のためになるのかわからない勉強などやる気がしないという。

母親はことあるごとに、「あなたは頭の良い子なんだから、少しは勉強したら」と言うが、自分でもそうは思うものの、やる気が湧いてこない。高校受験もあと半年に迫ってきて、しだいにあせりも出てきたが、問題集を広げても解けないことが多く、ついテレビやマンガを見て時間を過ごしてしまう。

あなたが先生だったら、「M君がやる気の出ない原因と対応策」をどう考えるだろうか。（市川、2002より）

内発的動機づけの視点からすると、学習して新しいことがわかる、できるという感覚が得られないときである。知的好奇心、納得感、達成感、進歩の実感などが満たされなければ、およそやる気になれない。教師としては、児童・生徒に応じたやりがいのある内容・課題を用意することが不可欠である。

外発的動機づけの視点からすると、この学習が何のために、何をめざしてやっているのか、目的・目標が見えにくいときにはやる気が出ないことになる。低学年の場合には、ほめたりシールを貼ったりして動機づけることもしばしば行われるが、学年が上がるにつれて、知識・技能がどのように役立つのかが実感できるような場面設定や、生活や仕事にどのように生かされるのかを示す手立てが必要になる。

一方、動機づけの認知理論からは、目標を達成するにはどうすればよいかという、手段・方法がわかっているということが重要なことが示唆される。どのような行動をとっても、成功には結びつかないという認知が形成されてしまえば、子どもたちは無気力になってしまう。また、仮に何をすればよいかがわかっていても、その行動がとても実行しがたいものであれば、あきらめてしまってやる気にはつながらない。そこで、単に勉強時間を増やすというだけでなく、実行できそうで、すれば効果のある学習方法を工夫する必要がある。これはセルフ・ハンディキャッピングからの脱却にも大事な点である。

さらに、教育場面での意欲を育てるのに、心理学から示唆される重要な点として、関係性と自律性感覚がある（Deci & Flaste, 1995）。教育や学習は、教育者の意図や指示に沿って学習者が行動することで生じることが多いが、その人間関係のあり方が**関係性**（relatedness）である。関係性が良好であれば、学習者は教育者の価値観を自発的に取り込み、それが学習者の中に内面化されていくことになる。一方、**自律性感覚**とは、学習が自分の意思で行われているという感覚である。とくに思春期以降になると、人は他者からコントロールされることを嫌う傾向が強くなる。勉強や奉仕活動など、基本的にはよいことであると思っていても、あるいは、そう思っているからこそ、それを他者から強制されてしかたなくやっているという認知はもちたくない。そのためには、学習場面においても、自己選択や自己統制の機会を多くしていくことを考えなければならない。

（2）授業構成を考える――習得と探究の2サイクルモデル

習得（acquisition）とは既存の知識や技能を身につける学習のこと、探究（inquiry）とは児童・生徒が自らの興味・関心に応じてテーマを設定し、それを追求するような学習のこととして提案された（市川、2004）。スポーツにたとえれば、習得は基礎練習、探究は試合に出ることにあたるといってよい。習得と探究の学習は学校では授業を中心になされるが、授業外の学習活動にも支えられて成立するものである（図2-3）。

習得は、それ自体地味で単調な学習になりがちなため、学習者はなかなか意欲が出てこない。しかし、かつての日本の教育では、基礎基本的な知識・技能の獲得が強調され、

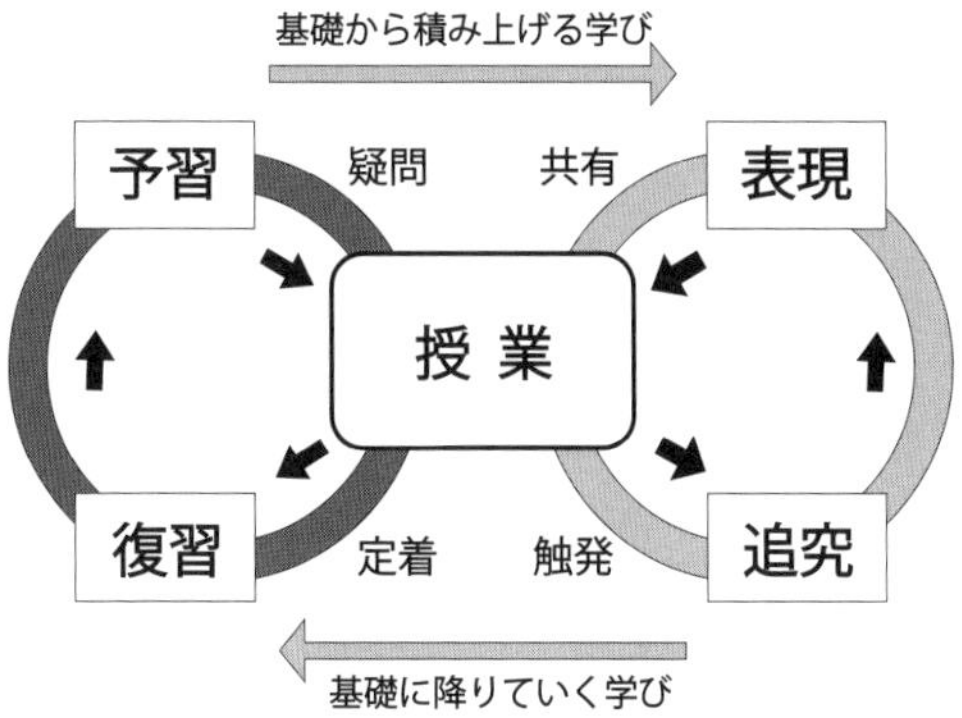

図2-3　習得と探究の2サイクルモデル（市川、2004を改変）

それを探究の場で活用・応用することが先延ばしになる傾向があった。「基礎から積み上げる学び」とは、基礎をしっかりやってから探究的な学習をするという考え方であるが、これだけでは、学習意欲がなかなか湧きにくい。そこで、逆に、探究的な活動を行ってみて、そこで基礎基本の不足を実感し、必要感をもって習得の学習を行うようにするというのが「基礎に降りていく学び」である。

学校のカリキュラムでは、これらを柔軟に組み合わせていくことが望ましい。習得と探究という用語は、２００８年の学習指導要領改訂にあたって、「習得・活用・探究」というフレーズとなって中教審答申や学習指導要領でも使われるようになり、２０１７年の改訂でも引き継がれている。学校で獲得する知識・技能というものが、けっしてテストのためにあるわけではなく、生活や仕事に活用されるものであるということを実感させることによって、やる気を引き出していくことを考える必要がある。

参考図書

・市川伸一（２００１）『学ぶ意欲の心理学』ＰＨＰ研究所
心理学における学ぶ意欲、働く意欲の理論を概観したあと、著者が教育社会学者の苅谷剛彦氏、および精神科医の和田秀樹氏と行った対談が収められており、内発的動機づけをめぐる考え方の違いなどが浮き彫りになっている。２要因モデルについての解説もあるが、それに含まれてこないような動機づけについても考察されている。

・鹿毛雅治（２０２２）『モティベーションの心理学：「やる気」と「意欲」のメカニズム』中央公論新社
新書とはいえ、ボリュームも内容の濃さも本格的である。「要するにどうすればやる気が出るのか」という単純なハウツーを期待している人向きではない。じっくりと理論的・多面的に動機づけを理解し、そこから自分なりに考えていきたい人に薦めたい本である。長年にわたって動機づけ研究の第一線でリードしてきた著者による、信頼できる解説書と言える。

個に応じた学習支援

心理学は、個々の学習者の中で生じる内的プロセスについて研究を進めてきた。これは、教育研究全体の中でも特徴的なアプローチである。たとえば、教科教育学は、教える内容についての系統性や体系性をもとに、それをどのようにして授業の中で教授すればよいかを考える。教育社会学は、学力に影響する社会的条件を明らかにして改善を図ろうとする。

近年の教育心理学は、認知心理学に理論的基礎をおいている。記憶や学習の生じるしくみがどう考えられているか、児童・生徒がどのような学び方をしているかについての研究を紹介し、「認知カウンセリング」という個別学習支援にどう活かされているかを見ていこう。

1. 心理学から見た学習

（1）行動主義と認知主義

19世紀末から20世紀半ばにかけて心理学の主流であった**行動主義**は、人間を含む動物全般にあてはまる学習の原理を見出すことを目指していた。学習というのは、経験による行動の変容を指すものとされる。その基本的な原理は、**刺激**（stimulus）と**反応**（response）の連合が成立することである。刺激とは、もともと生物に与えられる感覚的な刺激をさしているが、広くとらえれば、動物のおかれた状況と言える。どのような状況でどのような行動をとれば、報酬あるいは罰に結びつくか、ということが試行の反復によって獲得されることが学習と考えられたのである。

人間の記憶や学習についても、行動主義の下での研究は多く行われた。古くは、19世紀後半のエビングハウス（H. Ebbinghaus）の実験にさかのぼることができる。彼は、記憶材料として「子音―母音―子音」からなる**無意味音節**（発音可能だが辞書にはないような疑似単語）を用いて、学習の効果が時間とともにどのように変化するかを測定した。このようにできるだけ無意味な材料を使ったのは、意味の連想で個人差が生じることや、記憶術のような方略を使うことをできるだけ避けるためであった。

それによって、安定した測定値が得られやすくなる反面、学習者が日常的に行っているような意味のある材料の意図的な記憶とはかけ離れたものになってしまうという点がのちに批判されるようになる。無意味音節を使った実験状況では、機械的な丸暗記によって記憶せざるをえず、あたかも人間の記憶が、反復回数や保持時間だけで決まってくるようにとらえられてしまっていた。

一方では、発達心理学者のピアジェ（J. Piaget）に代表される**認知主義**の考え方によれば、学習とは、認知構造の変化である。ピアジェは、新しい知識を既有知識の体系の中に取り込むことを**同化**（assimilation）、整合的に取り込めないときに既有知識の体系を変化させて取り込むことを**調節**（accommodation）と呼んだ。たとえば、地動説とか進化論を初めて聞いた子どもは、それまでもっていた知識体系からはおよそ納得できないという思いをもつだろう。それを理解するためには、大幅な知識体系の組み替え、すなわち調節を必要とする。同化と調節をくり返しながら整合的な知識体系をつくりあげていくというのが、認知主義から見た学習ということになる。また、この考え方は、知識は外部からそのまま刷り込まれるものではなく、学習者により主体的に構成されるものであるとすることから、**構成主義**といわれることもある。

イギリスの心理学者バートレット（F. C. Bartlett）は、行動主義が主流だった1930年代に、物語や絵を材料にした記憶や伝達の実験を行った。そこで観察されたのは、人間が文章や絵の意味を自分なりに解釈して覚えたり人に伝えたりするという現象であった。アメリカ先住民に伝わる民話を聞かせると、イギリス人にとっては意味がよくわからない奇妙な箇所があり、再生するたびにわかりやすい話に変わってしまう。何を描いているのかわかりにくいあいまいな絵を見せて人から人へと伝えると、日常にあるようなはっきりしたものの絵に変わっていってしまう。

日常的な学習では、すでに各自がもっている知識（**既有知識**）が重要な役割を果たす。私たちは既有知識を使って、記憶材料を解釈しようとするが、それが理解を促進することもあるし、思い込みによって誤解を生じることもある。こうした現象は、伝言ゲームなどでも再現することができるが、人間の記憶やコミュニケーションの本質をつくもので、児童・生徒が教科の学習をするときにも通ずるものである。いくら教科書や教師の説明を受けても、既有知識を使ってうまく取り込むことができなければ、頭の中に正しい知識となって構成されないのである。

（2）認知心理学の成立と教育への影響

1950年代後半以降、この認知主義的な考え方に、コンピュータをアナロジーとした情報処理という視点を導入したのが認知心理学（cognitive psychology）である。認知心理学は、図1-1の認知モデルで示したように、人間が知識を内的リソースとして使いながら新しい情報を獲得し、それを組み込んで知識体系を再構築していくとみなす。とくに既有知識や文脈情報を利用して、予測や期待をもちながら情報を取り入れようとするのが、人間の知識獲得の大きな特徴と考える。

認知心理学でも、初期の1960年代のモデルでは、見たり聞いたりして記憶材料が入力されると、まず**短期記憶**になり、短期記憶の中で何度も反復されると**長期記憶**になるという単純なモデルを想定していた。これは、行動主義のなごりとも言える。しかし、**処理水準説**という理論は、単純な反復よりも、どれくらい深い情報処理をするかが、よく覚えるための重要な要因であるとした（Craik & Lockhart, 1972）。たとえば、今私たちは本書の日本語の文章を読んでいる。ただ文字を見ているだけでは、覚えるのはむずかしい。日本人の成人であればそれを発音することができるだろう。これは、より深い処理をしていることになる。さらに、音読するだけでなく、どのような意味かを理解すればいっ

（1）次の数字列を覚えてください。

（1a）1 4 9 1 6 2 5 3 6 4 9 6 4 8 1

（1b）1 1 2 3 5 8 1 3 2 1 3 4 5 5 8 9

（2）次の図形を覚えてください。

図3-1　意味や構造がわかれば覚えやすくなるデモ実験

そう深い処理をしたことになり、よく覚えられる。

デモ実験として、図3-1のような材料を覚えてみよう。もしこの数字列をただ眺めているだけとか、くり返して読むだけなら、覚えるのは非常にむずかしい。しかし、ここにある規則を見出すことができれば、簡単に覚えられるしなかなか忘れない。（1a）は、1×1=1、2×2=4、3×3=9、…を並べたものになっている。（1b）は1+1=2、1+2=3、2+3=5、…と2つの数字を足したものが次の数字になっている。（2）の図形は下半分を隠してみるとわかるが、Mirrorを筆記体で書いてそれを鏡で映したものである。こうしたデモ実験を通じて、人間の記憶には既有知識をうまく使って、外部情報に意味やルールを見出して**有意味化**や**構造化**をはかることが重要であることがわかるだろう。これは、学校の教科の学習でも重要な点であり、いわゆる「深い理解」につながるものである。

(3) 理解における視覚化と言語化

テキストなどの言語情報から新しいことがらを学ぶときに、そのイメージをはっきりさせるために、**視覚化**(visualization)してみることは有効である。たとえば、数学の文章題を解くときに、問題文の状況を把握するために図や表にしてみることや、国語で説明文を読むときに、キーワードやキーフレーズを使ってその論理展開を図にしてみることなどがこれにあたる。また、どの教科でも、教科書では文章だけでなく、概念図やモデル図などを使って学習者の理解を助けている。

一方では、外から図的表現を与えられても、それがそのまま写真やビデオ映像のような表象となるわけではないことに注意が必要である。1970年代には、ピリシン(Pylyshyn, 1973)による**イメージ=命題説**が提出され、認知心理学の中で**イメージ論争**が展開された。この説によれば、言語情報も、視覚情報も、その意味や構造が取り出されて

命題的表象として知識になるという。外部情報はけっして未処理の表象として保存されるわけではなく、解釈された意味内容が命題として抽出され、蓄えられ、処理に使われるということになる。

命題（proposition）というのは、「○○は○○である」というように事実内容を文として表現したものであるが、自然言語と同じである必要はなく、コンピュータのプログラムやデータのように一定のルールに沿って表現されていればよい。たとえば、図3－1（2）を、「Mirrorを筆記体で書いて、それを反転した図である」ととらえれば、それが命題的表象になる。これは、図3－1のデモ実験からもわかる。

イメージ＝命題説が学習・教育に示唆しているのは、教科書や教師が提示した情報も、その解釈が学習者に共有されていなければ、理解されたことにならないということである。教師としては、「はっきり教えたのだから」「わかりやすい図を使ったのだから」ということで、学習者に知識そのものを伝えたと思ってしまいがちである。そこで、学習者の理解状態を把握するためには、それがどういう意味なのかということを、学習者自身に説明させてみることが有効である。後述するように、「認知カウンセリング」の実践の中では、教科で習った概念、図式のもつ意味や構造、作図や解法の手続きなどを学習者自身が言葉によって説明することによって、理解状態の明確化につなげることを重視している（市川、2000）。

2．個別学習支援としての認知カウンセリング

（1）認知カウンセリングとは

上述したような人間の情報処理に関する認知心理学的なモデルを背景にした個別学習支援に**認知カウンセリング**（cognitive counseling）という実践的研究活動がある（市川、1989）。認知カウンセリングは、教育心理学者が自ら何らかの教育実践をもちながら研究することをめざして、学習相談室を大学に開設することで、学習につまずいている小・中・高校生を対象にした個別指導を中心に実施されてきた。その後、学校内に学習相談室を設置したり（市川、2004）、自治体と連携して実施されたりしている（植阪他、2018）。

活動初期に、はじめてカウンセラーとして参加する学生などに配布していた「心得」には次のような方針が書かれている（市川1991、P.138）。

①クライエント（相談に来た学習者）の自立を促すことを目標とすること。そのためには、わかることの楽しさを知り、学習の進め方を模索する姿勢をクライエントにもってもらうこと。

②個別指導の力量を向上させると同時に、基礎研究とのつながりを見出す努力をカウンセラー側が常にもつこと。

③「わからない」「やる気が出ない」というクライエントに対して、感情的にならず、いっしょにその原因を探って解決しようという姿勢をもつこと。

④学習者が一般的に陥りやすいつまずきや、学習観・学習方法などをあらかじめある程度把握しておき、診断と指導のための基本的な技法を知っておくこと。

この①でいう学習者の自立を促すとは、学習者が自分の学習状態を自己診断して、どのように学習を進めていくかを判断できるようになることである。これは、認知心理学でいわれる**メタ認知**（metacognition）にあたる。「メタ」とは「一段高いところから見る」という意味で、自分の認知状態を客観的・自覚的にとらえる心のはたらきである。学習場面でいえば、「わかっているところと、わかっていないところがわかる」「わからないときは、どうすればよいかがわかる」などがこれにあたる。メタ認知は学習上きわめて大切な能力であり、発達するにつれてしだいについてくるものであるが、学習につまずいて相談に来る子どもたちは、それが弱いことが多い。カウンセラーとの対話を通じて、メタ認知を促すことが認知カウンセリングの大きなねらいである。

(2)学習観・学習方略への着目

学習観とは、学習が起こるしくみや、どのように学習するとよいかという個人的な考え方のことである。これは、実際にどのような学習方法(認知心理学では、**学習方略** learning strategy といわれる)をとるかに直結する。相談に来る児童・生徒たちは、学習の内容面について「わからない」「できない」という悩みで来談することが多く、学習観や学習方略を自覚的に変えていこうとすることはあまり多くない。

「勉強をそれなりにやっているつもりだが、効果が現れない」という悩みで相談に来る子どもたちと話をしてみると、次のような学習観が見られることがしばしばある(市川、1991・1993)。

結果主義：解き方や考え方より、答えがあっているか、間違っているかばかり気にかけてしまう。

暗記主義：答えを出す手続きや、断片的な知識を正確に覚え込むのが学習であると考える。

物量主義：単純な反復による習熟が学習だとして、工夫をせずに学習時間や練習量だけを重視する。

かなり漠然とした考えをもっている場合もあるし、明確な信念としてもっている場合もあるが、対話をしているうちにこうした傾向の学習観があることがわかってくる。学校のテストや入試などによるプレッシャーが強い中で、こうした傾向の学習観をもつようになるのではないかと思われる。児童・生徒の話では、学校や塾でも内容面を教える個別指導が主で、学習観や学習方略に着目した指導はほとんどなされていないらしい。

どのような学習観・学習方略が効果的かということは、個人差、発達差、教科による違いなどもあるので、一概には言えない。ただし、全体的に見ると、小学校低学年・中

コラム3-1 学習観の自己評定項目

学習観には、いろいろなものがあげられていて、それを測定するための質問項目が考案されている。日常的な行動を通して学習観を推し測るものも多いので、学習方略との区別が必ずしも明確になっていないものもある。

下記は市川（2001）にある項目で、自分によく当てはまるものに5点、まったくあてはまらないものに1点で1点きざみの点数をつける。＊をつけたのは「逆転項目」で、1～5点を5～1点に逆転してから足し合わせる。合計点を項目数の6で割ったものが、それぞれの志向の強さを表すとされる。

理解志向（逆転項目は、暗記志向）

○ただ暗記するのではなく、理解して覚えるように心がけている／習ったこと同士の関連をつかむようにしている／図や表で整理しながら勉強する

＊数学の勉強では、公式を覚えるのが大切だと思う／同じパターンの問題を何回もやって慣れるようにする／なぜそうなるかはあまり考えず、暗記してしまうことが多い

方略志向（逆転項目は、練習量志向）

○勉強のしかたをいろいろ工夫してみるのが好きだ／成功した人の勉強のしかたに興味がある／テストの成績が悪かった時、勉強の量よりも方法を見直してみる

＊勉強の方法を変えても、効果はたいして変わらないと思う／学習方法を変えるのはめんどうだ／成績を上げるには、とにかく努力してたくさん勉強するしかない

思考過程志向（逆転項目は、結果志向）

○答えるだけでなく、考え方が合っていたかが大切だと思う／ある問題が解けたあとでも、別の解き方を探してみることがある／テストでできなかった問題は、あとからでも解き方を知りたい

＊なぜそうなるのかわからなくても答えが合っていればいいと思う／テストでは、途中の考え方より、答えが合っていたかが気になる／自分の解き方をいろいろ考えるのは、めんどうくさいと思う

失敗活用志向（逆転項目は、失敗回避志向）

○思ったようにいかないとき、がんばってなんとかしようとする／失敗をくりかえしながら、徐々に安全なものにしていけばいい／思ったようにいかないときは、その原因をつきとめようとする

＊間違いをすると、恥ずかしいような気になる／うまくいきそうにないと感じると、すぐにやる気がなくなる／失敗すると、すぐにがっかりしてしまうほうだ

学年くらいのうちは、暗記志向、練習量志向、結果志向、失敗回避といった傾向が強く、それでもそれなりに学習に適応できている。ところが、学年が上がるにつれてしだいに学習する内容が増えて難しくなってくると、理解志向、方略志向、思考過程志向、失敗活用志向といった学び方を取り入れていかないと、学習がうまく進まなくなりがちである。もちろん反復習熟は基礎的な学習・練習として大切だが、スポーツでも高いレベルになってくれば練習方法をコーチと一緒に工夫し、できるだけ密度の濃い練習をしようとするのと似ている。

3. 認知カウンセリングの指導の実際

(1) 基本的な教授技法

個別指導というと、一般的には、「子どもの学力に応じて、ていねいな説明をしたり、与える問題の難易度を調整すること」と考えられがちである。しかし、認知カウンセリングの視点からすると、それだけでは十分ではない。1対1という条件をいかして、学習者との対話から、むしろ学習者のアウトプットを引き出し、学習者の理解状態や学習

予習の推奨	教科書を予習して概略をつかみ、疑問をもって授業に出るよう促す
自己診断	教科書やノートのどこがわからないか、なぜわからないかを考えさせる
診断的質問	どこまでわかっているかを試すための質問をして、理解状態を探る
仮想的教示	用語（概念）や手続きを、それを知らない人に教えるつもりで説明させる
定義と事例	他者に説明するときには、一般的な定義と具体的事例をあげるようにする
索引の活用	用語がうまく説明できないときは、教科書の索引を引いて確認させる
比喩的説明	比喩によるわかりやすい説明と、それによる誤解を把握しておく
図式的説明	図式化して説明したら、学習者にも同様の説明を求める
解法の説明	学習者が問題を解いたら、正誤に関わらず考えた過程を自ら説明させる
教訓帰納	間違いや解けなかった理由を考え、教訓を引き出すことを促す

表3-1　認知カウンセリングにおける基本的教授技法の例

観・学習方略を探っていくことが重視される。それを学習者と共有することによって、内容の指導と学習方略の指導の両立を図っていこうとするところが認知カウンセリングの特徴である。

表3―1は、これまで蓄積されてきた認知カウンセリングの教授技法の例である（市川、1991、1993、1998など）。これらは指導上のポイントではあるが、それが学習者に内化されて自立的に学習をすすめられるようになることを目指している。

これを見ると、

・「予習―授業―復習」という学習サイクルをうまく回すことに関わるもの
・自分の理解状態を分析的にとらえ、改善する「メタ認知」に関わるもの

・教材や他者など、外的リソースの活用に関わるもの
・カウンセラーの教え方の工夫と、それに伴う注意点

などが複合的にはいっていることがわかるだろう。

(2)指導の具体例——その1(認知カウンセリングの基本的姿勢)

認知カウンセリングは、高度な研修を経なければできないというものではなく、それまで直接的な指導経験のなかった教育心理学研究者、授業はしていても個別指導の経験はなかった教師、アルバイトの塾講師や家庭教師の経験くらいしかなかった大学生でも、すぐに取り組める学習支援活動である。それは、1対1という、学習者、指導者双方にとって有利な状況に支えられているところが大きいと思われる。ただし、上述してきた認知カウンセリングの基本的な姿勢をもち、受け持ったケースを報告してカウンセラー同士で検討し合うこと(ケース検討会)を重視している。

コラム3-2は、ある大学生によるケース報告の例である(市川、1991)。何気ないやりとりのようであるが、教室での一斉授業では一人一人ていねいに対応しにくく、個

別指導らしいポイントが含まれている。

・正答か誤答かに関わらず、どう考えたかの説明を求める——誤解している点を探るとともに、思考過程への注意を促し、説明力を育てる。

・どこまでわかっているかを確認する診断的質問を入れる——「直角が90度であること」の確認など。

・いきなり解き方を教えずに、最小限のヒントを与える——自分で考える余地を残し、達成感をもたせる。

・問題を解いたあとで、なぜ最初は解けなかったのかを考えさせる——誤答の原因を「教訓」として引き出し、定着と応用を図る。

ケース検討会では、カウンセラー側が一方的に教えるのではなく、児童の説明を求めたり、効果的なヒントを即興的に出したりしている点については、高く評価された。一方、児童が最初に誤解していた点（時計の文字の間の角度）についての押さえが十分ではないなどの指摘もあった。こうした議論を通して、報告者だけでなく参加者全員の力量向

コラム3-2　小４女子への算数指導の場面から

〈問題〉

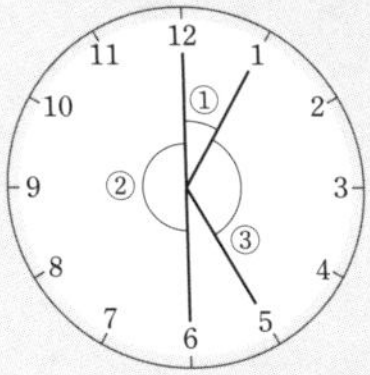

［クライエントの回答］
①20度（誤り）
②180度（正解）
③　？

※以下、クライエントをCl、カウンセラーをCoとする。

Co：「なぜ①が20度になるの？」
Cl：「（時計の針の）12と1の間の半分が10度で……」
と言いながら、20、40、……と6の針まで数える。数えてみて間違えたことに気づく。もう一度考えるように言うと、しばらく考えていたがわからない様子。

【誤解の発見】

Co：「12から3までは何度なの？」
Cl：「90度」

Co：そこで、右図のように線を加えた。 **【ヒントの提示】**

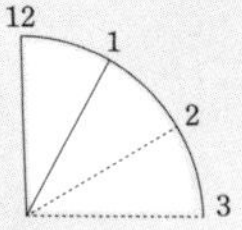

Cl：しばらく考えていたが、ノートに、
《90 ÷ 3 = 30　　答え 30度》

Co：「なぜ、できなかったんだと思う？」
Cl：「今までやった問題は、足し算や引き算で答えを出したから、そのやり方で解こうとした。」 **【教訓帰納を促す】**

→①がわかると、③もすぐに正解を出した。
《180-60 = 120　　答え 120度》
説明も正しくできた。

上を図ることを大切にしている。

（3）指導の具体例——その2（教訓帰納の定着と転移）

認知カウンセリングの初期から提案されていた重要な学習方略の一つに**教訓帰納**（lesson induction）といわれているものがある（市川、1991）。これは、問題解決の経験から何を得たかを「教訓」として引き出し、その後の問題解決にも活かすというもので、とくに、間違えたときに、

・自分はどういう間違いをしやすいか
・間違えた理由はどこにあったか
・解法のポイントはどこか
・これから間違えないようにするには、どのような学習をする必要があるか

などを分析し対応策を考えることである。寺尾（1998）は、数学を例に、成績のよい学習者はよい教訓（数学の教師から解決の役に立つと評価されるもの）を引き出していることを

明らかにしている。ただし、一般には日常的に教訓帰納を行っている児童・生徒はけっして多くなく、指導が難しい方略とも言われている。

そうした中で、植阪（２０１０）は、中学２年生の生徒に対する認知カウンセリングの中で９回（１回９０～１２０分）にわたる指導を行っている。指導前の状態としては、失敗回避傾向が強く、間違えた解答は見たくないという状態だったという。「成績を上げるにはたくさんの問題を解くしかない」という練習量志向が強かった。そこで、間違いの原因を分析するという「教訓帰納」の価値をカウンセラーから説明し、実際の間違い分析をいっしょに経験することを通して、有効性を実感し、教訓を引き出すスキルが向上することをねらった。コラム３‐３は指導の過程における対話である。

指導が進むにつれて、生徒はわからないことを学校の教師に質問できるようになっていった。これは「どこがわからないのか」を明確化するメタ認知が育ってきたことを示しており、教師からは意欲的と評価されるようになったという。また、一つの目標であった「他の生徒に教えてあげられるようになりたい」ということができるようになり、たとえば１次関数のグラフの書き方などを友人に教えてあげたという。

成果として特筆すべきなのは、数学の連立方程式を素材にして指導したのだが、理科でも同じように教訓帰納を行うようになった点であるという。植阪（２０１０）によれば、**学習方略の転移**ともいうべき現象である。報告では、こうしたことが起こる心理的プロセスとして、ある領域での学習方略の変化が成果をもたらすことによって、それがフィードバックされて学習観の変容（たとえば、練習量志向から方略志向へ）をもたらし、それが数学の他の単元や、理科という他教科でも学習方略を工夫してみるということになったのではないかと述べている。

こうしたケース研究から、授業での指導にも応用できそうなヒントが生まれたり、基礎的な理論や研究へも発展したりするのが、認知カウンセリングという活動の大きな意義と言えるだろう。

コラム3-3　教訓帰納の有効性に関する対話（植阪、2010）

この生徒は、間違いを見てみると同じような間違いをしていることに気づくようになったので、それを自分の弱点として書きためておくようにカウンセラーから促した。第3回目で、以下のような対話がなされている。（Clはクライエント、Coはカウンセラーを表す。）

Cl：これって、すごくかいがある気がする。
Co：「かいがある」って？
Cl：これやったら、力がつく気がする。
Co：そう。そう思ってくれたらうれしいな。
Cl：うん、これはいいよ。これまでノートに詳しくまとめるってめんどくさくて嫌いだったし、今まで何度も解いて何とかしようと思っていたけど、こっちのほうがかいがある。正の字とか書いたら何回間違えたかもわかるし。
Co：そう、そう。はじめはポイントを書くことがたいへんかもしれないけど、結局、その間違いをしなくなったら、将来的には楽になるんだよ。
Cl：学校では何度も解きなさいって言われたから、これまで一生懸命やってきたけど、こっちのほうがいいなと思った。
Co：くり返し解くのがだめなわけじゃないんだよ。くり返すだけじゃなくて、ポイントを引き出すともっとよい、っていうことだよ。

参考図書

・市川伸一（1993）『学習を支える認知カウンセリング：心理学と教育の新たな接点』ブレーン出版

・市川伸一（1998）『認知カウンセリングから見た学習方法の相談と指導』ブレーン出版

上記2冊は認知カウンセリングの趣旨、方法、ケースと討論などをまとめた初期の活動報告である。現在は絶版になっているが、左記のウェブサイトから無償で参照・ダウンロードができる。

https://www.p.u-tokyo.ac.jp/lab/ichikawa/

・市川伸一（2000）『勉強法が変わる本 心理学からのアドバイス』岩波書店

高校生向けに、数学、理科、英語、小論文などを素材にして、理解を重視した学習方略を紹介した本。本文やコラムとして随所に認知心理学の入門的解説を入れている。

・三宮真智子（編著）（2008）『メタ認知：学習力を支える高次認知機能』北大路書房

メタ認知とはどういうものか、どのような研究があるのかが、詳しく解説されている。学習方略や動機づけなどとの関連、文章理解、数学的問題解決、科学的思考といった教育に直結する研究、さらに学習障害、認知行動療法、神経科学的基礎まで広がり、メタ認知研究の大きさが見えてくる。

第二部

授業と学習環境

習得の授業設計

知識・技能の習得は学習の基本とも言える。反復による習熟だけでなく、習得の授業のスタンダードな設計原理として提案された「教えて考えさせる授業」では、心理学的な理論背景をもとに、「教師の説明」「理解確認」「理解深化」「自己評価」という枠組みで授業を構成する。

また、学び方の習得のために、認知心理学の考え方を直接生徒に伝え、自分の学習改善に活かしてもらうという趣旨の「学習法講座」について紹介する。関連して、主に自学自習を進める方法の指導や訓練を扱ってきた「自己調整学習」の研究の動きについて触れる。

1. 習得の学習の位置づけ

(1)習得・活用・探究をどうとらえるか

第一章、第二章でも見たように、「習得・活用・探究」というのは、最近の中教審答申、学習指導要領のキーワードの一つとなっている。ただし、それぞれの言葉が何をさすのかについては、文部科学省も厳密に規定しているわけではなく、論者によっても微妙に違いがある。

市川(2004)は、習得の学習を「既存の知識や技能を身につけるという学習」、探究の学習を「学習者が興味・関心に応じて自らテーマを設定し、それを追究する学習」と定義している。ここでは、習得というのは、概念獲得、意味理解、問題解決スキルなどを含むかなり広い意味で使われている。一方で、探究というのは、自らの課題設定を重視している点で、かなり限定的に用いられている。たとえば、教師が課題を与えてそれを考えさせたり、討論させたりする学習活動は、あえて探究には含めていない。

また、「活用」というのは、習得した知識・技能を探究の中で活かすこと、あるいは、習得の中でも、既習の知識を活かして新たな知識を習得することが含意されていた。これは、まさに知識を内的リソースとして利用する認知心理学のモデル（図1−1参照）の知識観と言える。つまり、知識というのは、それを正確に多くもつこと自体が学習の目標とされがちだったのが、あらたな知識獲得や問題解決に向けて使うものという機能的な知識観に変化してきた。教育界の用語でいえば「生きてはたらく知識」ということになる。

その後、「習得と探究」は、2005年の中教審答申で、「習得型の教育」「探究型の教育」という用語として使われ、それぞれ、「基礎基本的な知識・技能の育成」「自ら学び、自ら考える力の育成」に対応づけられた。少し後になって、「習得と探究をつなぐもの」として答申の中に「活用」がはいってくる。当時は、習得を非常に狭い意味（たとえば、都道府県名とか、かけ算九九のような極めて基本的な知識）としてとらえ、探究との距離が大きいために、その間にあるような学習をすべて活用とする考え方もあった。

これらは、言葉の定義の違いであり、基本的な考え方に大きな相違があるわけではない。ただし、最近は、とくに習得・活用・探究というのが教育の場で頻繁に使われる言葉でもあるので、それぞれの文脈ではどのような意味で使われているのかどうかには、注意する必要がある。たとえば、「習得の学習は反復習熟でなされる」のような言い方は、習得を広くとらえた場合には必ずしも適切ではない。本章では、ひとまず、上述の市川（2004）の意味で、習得―活用―探究をとらえておくこととし、概念獲得や基本的な問題解決を含めた広い意味での習得の授業について考えていく。

(2) 習得における「できる」と「わかる」

教育界で古くからある議論として、「できる」と「わかる」の違いがある。どちらも習得の学習に密接に関わっている。ある場合には、「できるだけではだめだ。わかっていなくては」と言われる。たとえば、数学の問題を解く手続きだけを覚えて、答えが出せたとしても、なぜそのやり方で答えが出るのか、その手続きはどんな意味をもっているのかがわからなくてはいけないということである。たとえば、分数のわり算は、「わる数の分子と分母をひっくり返してかける」という操作で簡単に答えを出せる。しかし、「なぜ、わられる数ではなく、わる数のほうをひっくり返すのか」「なぜ、ひっくり返してかけると答えになるのか」「そもそも、わり算とはどういう意味なのか」がわかっていなくてはいけないということだ。

一方では、「わかるだけではだめだ。できなくては」と言われることもある。このときの「わかる」というのは、上述した「意味がわかる」ということよりも、「手続きを頭でわかっている（言葉の上で知っている）」という状態をさしている。分数のわり算の例でいえば、「わる数の分子と分母をひっくり返してかける」という操作を口で言えても、実際にそれを実行して答えが出せなくては意味がない。とくに、これが言われるのは、「跳び箱の跳び方」「包丁の使い方」「たて笛の吹き方」などのような技能の場合で、コツを言葉として言えたとしても、実際に体の動きとしてできなければならない。つまり、体得して行動として示せることが習得したことになるのだ。

これらの議論を見ると、私たちの技能の習得とは、「手続きを知ること」「手続きを実行できること」「手続きの理由や意味を知ること」が、重層的に深まっていくことだと考えられそうである。では、いわゆる知識のほうはどうだろうか。やはり、「単に知識として知っていること」から「その知識のもつ意味」へと深まっていくことが望ましい。知識のもつ意味とは、他の知識とどうつながっているのかという知識の関連である。知識の関連づけの成立が理解を深めるということにほかならない。これも認知心理学の打ち出した学習についての考え方と言える。

（3）受容学習と発見学習――教えるのか、気づかせるのか

学校で新しい知識を子どもたちに獲得させるときに、一般的によく行われるのが、教科書や教師の説明などを通じて、学ぶべき知識内容を直接的に教示する方法である。このように、外からの情報を受け取るという学習は**受容学習**（reception learning）という。本を読んだり、テレビを見たり、ネットで検索したりして知識を得るというのも、受容学習にあたる。ただし、「受容」とはいえ、学習者はけっして受け身の姿勢で聞いているだけで習得できるものではない。第三章で見たように、情報に含まれる意味内容を抽出するには、既有知識を積極的に使ったり、ルールや構造を取り出したり、というような能動的な処理が必要だからである。

行動主義における記憶実験が、意味内容をほとんど扱わずに、無意味音節や、ランダムな単語リストの機械的暗記を求めるものだったのに対して、認知主義に立つ記憶研究では、文章などの有意味な素材の意味内容を扱ってきたことを第三章で述べた。こうした流れの中で、教育心理学者のオースベル（Ausubel, 1960）は、本学習の前に、予備的な短いテキストを与えることによって記憶が促進されることを示し、これを**先行オーガナイザー**（advance organizer）と名づけた。先行オーガナイザーには、本学習の概要にあたるも

のや、出てくる項目の比較対照など、いろいろな種類のものがありうるが、それが枠組みとなって後続する情報がその中に取り込まれていくというモデルを想定している。日常的にも、新聞の見出しやリード文などがそうした機能を果たし、内容の理解を助けている。

一方では、認知心理学の創世期に概念形成の実験研究で知られていた認知心理学者ブルーナー（Bruner,1961）は、学習者自らが法則を見出していく**発見学習**（discovery learning）を提唱し、科学教育を中心に教育実践にも大きな影響を与えた。発見学習においては、教師は結論にあたる知識を直接与えるのではなく、問題発見や解決過程における支援と対話がその役割とされる。学習者は能動的に課題に取り組み、うまくいった場合には、大きな達成感を得て動機づけも高まるという長所がある。ただし、学習者側に前提となる知識や思考力がかなり要求されるため、実際の教育場面では、教師がある程度の誘導をする発見学習（guided discovery）によって、時間的制約のある中で一定の結論に導かれるようにすることも多い。

受容学習と発見学習は、どちらも理論的な裏づけをもった指導法であり、それらを比較検討するような研究も1960年代に多く現れた。一定の時間に知識を身につけるには、受容学習のほうが効果的であるという結果が多い。しかし、両者のもともとのねらいは大きく異なっていることに注意する必要がある。発見学習は、第一章でいうならば「測りにくい学力」にあたる思考力を獲得することをねらったものである。その測定が難しいだけに、発見学習がどれだけ効果的なのか、また、どのような教師の関わりが有効なのかの実証的検討は、今でも大きな課題であるが、少なくとも探究の学習においては生かされるべき考え方と言えるだろう。

2.「教えて考えさせる授業」による習得

(1)「教えて考えさせる授業」とは

第一章でも述べたように、1990年代は、それまでの教育が「偏差値教育」「教え込み・詰め込み」などと批判され、いわゆる「ゆとり教育」が浸透した時期であった。当時の教育界は、「指導より支援」「自力発見をめざした問題解決型の授業」といった学習者中心主義に大きく傾き、「教える」とか「知識」という言葉自体が学校では使いにくくなった時期でもある。こうした流れが「ゆとりの集大成」と言われる1998年の学習指導要領の改訂につながり、教科の授業時間数や内容が大幅に削減されるようになった。しかし、1999年から激しくなる「学力低下論争」によって、その流れに歯止めがかかる。文部科学省も学力向上策を積極的に打ち出し、2008年の指導要領改訂では、習得・活用・探究というバランスを重視した教育課程となったというのが大まかな流れである。このバランス路線は、2017年の学習指導要領改訂にも引き継がれている。

こうした議論の中で、授業時間数や内容削減が学力低下を招いたという指摘はあったものの、授業のスタイルに対する問題点の指摘は、教育学者からもマスコミからもあまり出てこなかった。学習者中心主義や問題解決型授業という教育的には反対しにくいキーワードに対応して、教師が教えるのではなく、子どもに気づかせる教育がよいものというのは、自明のことと思われていたのである。

こうした動向について、市川（2004）は、第三章にあるような認知カウンセリングの経験から次のように問題点を指摘している。授業がわからないという原因は、それまでの日本では教師がたくさんの知識を一方的に教え込むからだと思われていたが、学習相談をしていると、逆に「教師が授業で教えてくれないのでわからない」という子どもが増えてきたという。授業では、教科書を閉じて、そこにあるような内容に子どもが自ら、あるいは、話し合いを通じて気づくという、自力解決や協働解決の時間がやたらに長いと子どもたちが言うのである。一部の子どもたちは活発に発言するが、討論にもついていけず、授業のたびにわからないことが蓄積していくという不満を抱いている児童・生徒は少なくない。一方、このような授業は、塾や予習で先取り学習している子どもにとって、非常に退屈で学習意欲がそがれるという。

クラス内での学力差の大きな学校という場において、「学力の低い子どもでも、基礎的な知識・技能を身につけて高度な課題解決に参加できること」、「学力が高い子や先取り学習している子どもでも達成感・充実感が味わえること」をめざして提案されたのが**教えて考えさせる授業**（ＯＫＪ）である（市川、２００４・２００８）。ＯＫＪは、概念や手続きの意味理解を重視した「習得」の授業のスタンダードな設計原理であり、図４－１のように、「教師からの説明」「理解確認」「理解深化」「自己評価」の4つの段階を踏まえて授業を構成するものである。また、学年が上がれば、予習によって授業の概略を知り、疑問点を明らかにして授業に臨むことも推奨される。つまり、授業の前半は、予習、教師の説明、理解確認によって基礎知識の共有をはかり、その先に、やりがいのある理解

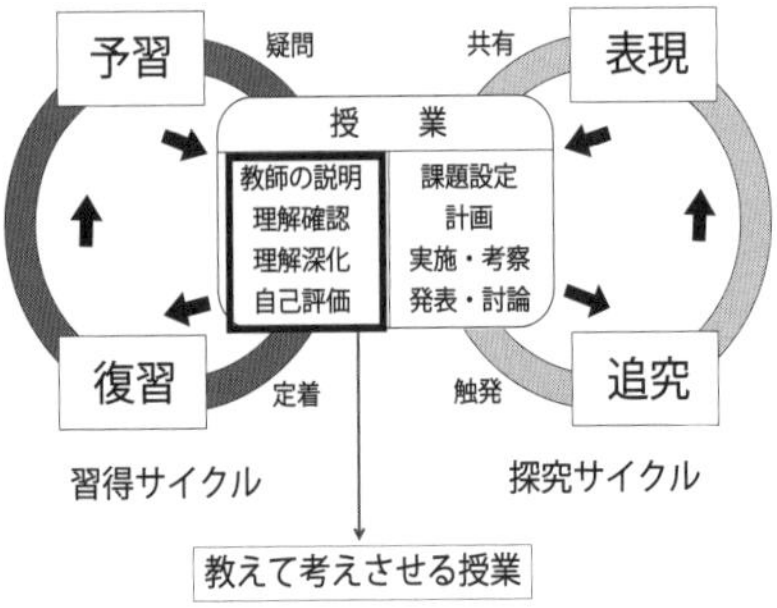

図4-1　習得の授業としての「教えて考えさせる授業」

深化課題を用意して、問題解決や討論を促す。さらに、自分のわかったこと、まだわからないことを自己評価として表現する、という流れになる。

(2)どのように授業をつくるか——授業設計の方針

ＯＫＪはとくに奇抜な授業設計論ではなく、ある意味オーソドックスな展開である。ただし、どこにでもある授業かといえば、けっしてそうではない。また、導入した学校でも、なかなかすぐにはうまくいかないと言われる。ＯＫＪの趣旨が、意味理解や思考過程を重視した学習を促すということから、それぞれの段階では次のような注意が必要である（市川、２０１５）。

・「教える」の部分では、教材、教具、操作活動などを工夫したわかりやすい教え方をこころがける。また、教師主導で説明するにしても、子どもたちと対話したり、ときおり発言や挙手を通じて理解状態をモニターしたりする姿勢をもつ。

・「考えさせる」の第1ステップとして、「教科書や教師の説明したことが理解できているか」を確認するため、子ども同士の説明活動や教えあい活動を入れる。これは、問題を解いているわけではないが、考える活動として重視する。

・「考えさせる」の第2ステップとして、いわゆる問題解決部分があるが、ここは、「理解深化課題」として、多くの子どもが誤解していそうな問題や、教えられたことを使って考えさせる発展的な課題を用意する。小グループによる協働的問題解決場面により、参加意識を高め、コミュニケーションを促したい。

・「考えさせる」の第3ステップとして、「授業でわかったこと」「まだよくわからないこと」を記述したり、「質問カード」によって疑問を提出することを促す。子どものメタ認知を促すとともに、教師が授業をどう展開していくかを考えるために活用する。

表4－1は、「教えて考えさせる授業」のそれぞれの段階について、どのような方針で、どのような教材・教示・課題が考えられるかを例示したものである。これらは本章（2）で述べてきたような、認知心理学的な理論や、第三章で紹介された認知カウンセリングの技法に基礎をおいていることもわかるだろう。全体としては、いわゆる受容学習と発見学習を組み合わせたものであり、そこに相互説明活動や相談活動などの協働学習の機会を入れること、自分の理解状態を診断するための自己評価活動を設けることなども推奨されている。

（3）授業の具体例と実践校のようす

ＯＫＪは、習得の授業であればどの教科でも適用できるが、習得目標が比較的明確な算数・数学がまず取り組みやすく、実践例も多い（市川、２０１５）。たとえば、筆者が２０１２年６月に岡山市立富山小学校で行ったデモ授業を例にとろう。筆者の行うデモ授業は、先方の担任教員と指導案づくりで相談し、当日もティーム・ティーチング（ＴＴ）で行うことがよくある。このときの授業は５年生の「図形の合同」の導入部だった。教師から説明する場面では、「２つの図形がぴったり重なるとき、合同であるという」

段階レベル	方針レベル	教材・教示・課題レベル
教える		
（予習）	授業の概略と疑問点を明らかに	・通読してわからない箇所に付せんを貼る ・まとめをつくる／簡単な例題を解く
教師からの説明	教材・教具・説明の工夫	・教科書の活用（音読／図表の利用） ・具体物やアニメーションによる提示 ・モデルによる演示 ・ポイント、コツなどの押さえ
	対話的な説明	・代表生徒との対話 ・答えだけでなく、その理由を確認 ・挙手による、賛成者・反対者の確認
考えさせる		
理解確認	疑問点の明確化	・教科書やノートに付せんを貼っておく
	生徒自身の説明	・ペアやグループでお互いに説明
	教えあい活動	・わかったという生徒による教示
理解深化	誤りそうな問題	・経験上、生徒の誤解が多い問題 ・間違い発見課題
	応用・発展的な問題	・より一般的な法則への拡張 ・生徒による問題づくり ・個々の知識・技能を活用した課題
	試行錯誤による技能の獲得	・実技教科でのコツの体得 ・グループでの相互評価やアドバイス
自己評価	理解状態の表現	・「わかったこと」「わからないこと」

表4-1　「教えて考えさせる授業」構築の3レベル

という定義とともに、重ねるためには「ずらす」「まわす」「うら返す」という3つの操作があること、相似な図形は合同とは言わないことなどを具体物の操作をしながらていねいに教える（図4－2）。理解確認では、見本図形をトレーシングペーパーに写し取り、3つの操作を意識させて、合同な図形を探し出す（この課題は、実は教科書ではいきなり導入課題としてすることになっているが、ＯＫＪはあえて合同の概念を教えてから行っている）。

ただし、ここまでの授業では、児童たちは「合同かどうかを確認するには、実際に重ねるという操作を必ずしなくてはいけない」と思い込んでしまう可能性が高い。そこで、理解深化課題としては、「実際に重ねてみなくても、一部の長さを測るだけで合同かどうかを判断する」という問題を小グループに分かれて考えさせた。用いた図形は、正方形、長方形、直角三角形である。たとえば、正方形ならば、1辺の長さを測るだけで合同になるか判断できることがわかる。長方形ならば、2つのとなりあう辺の長さを測ればわかる。直角三角形の場合は、さまざまな答えが出てきた（図4－3）。これは、その後の「三角形の合同条件」ということに発展していく課題となる。

「教えて考えさせる」という表現が、2005年以来中教審答申の中で使用されたこともあって、ＯＫＪをテーマとしてとりあげる学校や教育委員会は着実に増えている

図4-2　図形を重ねるための3つの操作

図4-3　どこを測れば合同とわかるか

一方、いわゆる「問題解決学習」を推進してきた立場からは、「先に教えてしまったら、子どもたちは考えないのではないか」という批判もあった（市川、2013を参照）。確かに教師の説明の場面だけを見ているとそのように思えるかもしれないが、知識の共通基盤をもつことによって、理解深化の場面では、レベルの高い思考や協働の場面が見られる。もちろんそれには、理解深化課題の工夫が不可欠である。

OKJは、「知識があってこそ人間はものを考えることができること」「学習の過程は、与えられた情報を理解して取り入れることと、それをもとに自ら推論したり発見したりしていくことの両方からなること」とする認知心理学から生まれた一つの到達点と言える。日常的に取り組んでいる学校では、学力面、意欲面、学習観・学習方略などの面で大きな成果をあげていることが報告されている（市川・植阪2019、伯耆町立岸中学校2017、深谷他2017など）。

3．学び方の習得を促す——学習法講座

（1）学習法講座とは

第三章で紹介した「認知カウンセリング」では、内容の指導を通して、学習観や学習方略の変容をも促すということが目指されていたが、1対1の指導であるため、多くの学習者に伝えることはなかなか難しい。また、本章で紹介したOKJは、日常的な授業の中に埋め込む形で学び方の指導が含まれているが、それが教師や児童・生徒に意識されずに4段階の授業展開の中で内容面の学習のみに注意が向かってしまう場合もありうる。

それらに対して、学習のしくみに関する認知心理学的な知見をかみ砕いて児童・生徒に解説しながら、ワーク課題などを通して体験的に自らの学習観や学習方略の見直しを図る試みとして**学習法講座**がある（市川2014、篠ヶ谷2019）。学習法講座は、小学校高学年から高校生まで、いろいろな実践がなされていて、それらの総称として使われているもので、1回の授業や講演で終わるものもあれば、数回のシリーズになっているものもある。必ずしも内容や実施形態が統一されているわけではないが、次のような特徴をあげることができる。

①学習観や学習動機の質問項目を使って学習者が自己採点し、自分にはどのよう

な傾向があるかを意識させる。
②図3－1にあるような認知心理学のデモ実験を行って、既有知識をうまく使いながら記憶や問題解決をするという認知心理学的な考え方を伝える。
③日常的な教科の学習に出てくる素材を使って、理解を重視した学習とは具体的にどのようなものか、それがどれくらい効果的かを体験してもらう。
④ほかにも、表4－2のようないろいろな学習方法の中から一部を紹介し、自分なりの学び方を模索してみることを促す。

たとえば、③の例として中学生や高校生向けの講座でよく用いられるのに、西林（1994）の「次の4つの歴史的事項を起こった順に並べなさい」というものがある。

①三世一身法　②荘園の成立　③班田収授法　④墾田永年私財法

西林氏は、もともとこの問題を大学生に出してみたという。調べたかったのは、これができた大学生とできなかった大学生が、それぞれ高校時代にどういう学習方略をとっていたかということである。できなった大学生は年号の丸暗記や語呂合わせをしていたのに対して、できた大学生は、何が原因でどういうことが起こったかという歴史の流れをつかんで学習していたという。

この例でいえば、時代が進むにつれて、人口が増えるし、政府は税収を増やしたいために、農地が足りなくなる。そこで新たに土地を開墾してほしいとなると、必然的に私有を認めていく方向になるので、③①④の順に法律ができ、結果的に有力な貴族や寺社などが私有地を増やして荘園となったということがわかる。このような知識の関連づけを重視する学習方略をとっていれば、なかなか忘れないし、それは歴史の学習に限ったことではない。

学習法講座をしていると、「習ったはずなのに忘れた」という生徒の姿が多く見られ、見学している教師からは、「はっきりと教えたのに」という声が聞かれるが、生徒のほうはつい表面的な暗記に頼った学習になってしまいがちなのであろう。これは、第7章でも述べるように、どういうテスト課題や評価方法を用いるかということにも大いに関係してくる問題である。ちなみに、OKJの実践校では深い理解を問う説明を「理解確認」や「理解深化」のとして授業中で児童・生徒に求め、さらにテストでも記述式問題として課している教師もよく見られる。

(2)学習法講座のテーマの拡がり

家庭学習などの自学自習を効果的に進めるための学習観・学習方略を促すという趣旨で始められたもので、欧米での**自己調整学習**(self-regulated learning、コラム4-1参照)の研究とも軌を一にしている。一方、教育心理学自体も、個人的な学習方略だけでなく、1990年代には他者との相互作用を通じての学習に注目が集まるようになっていった。これは、教育界の動きとも合致しており、クラス全体だけでなく、小集団での学び合い、教え合い、協働解決などを取り入れた授業がしだいに普及するようになった。

日本でも2000年代にはいると、まずは小学校から協働学習が取り入れられるようになっている。その流れの延長として、2017年の学習指導要領の改訂における審議の中で、**アクティブ・ラーニング**が重視され、最終的に「主体的・対話的で深い学び」という表現になっていった。その後も、「個別最適な学びと協働的学びの一体化」という方針が中教審や文部科学省から出されて、協働学習が強く打ち出されている(中教審答申、2020)。

コラム4-1　自己調整学習

自律的に学習を進められる学習者を育てるための研究として、欧米では自己調整学習（self-regulated learning）の流れがある。その創始者とも言えるジマーマン（Zimmerman, 1989）によれば、自己調整学習とは、学習者自身が動機づけ、メタ認知、学習方略について能動的に関与しながら行う学習のことである。その研究は、教育心理学の一領域や一理論というより、多くの関連領域を統合させながら進めるものとしている。その中核には、図4-4のように、予見（foresight）、遂行（performance）、省察（reflection）というサイクルで学習を回していくというモデルがある。

その後、質問紙による測定や調査、関連する要因、自己調整を促すための指導や訓練などに関する多くの研究が蓄積されてきた。日本でも翻訳書があいついで刊行され、独自の研究も生まれている（研究の総説・展望として、岡田、2022）。ただし、これまでの研究では、宿題やテスト勉強のように、いわゆる自学自習を計画的・効率的・反省的に遂行することに重点が置かれた研究が多く、授業を含む学習サイクルと連動させた研究は少ないことも指摘されている（篠ヶ谷 2012 植阪他 2022）。今後は、それぞれのサイクルの関係を整理した上で関連させていく研究が期待される（市川・篠ヶ谷、2023）。

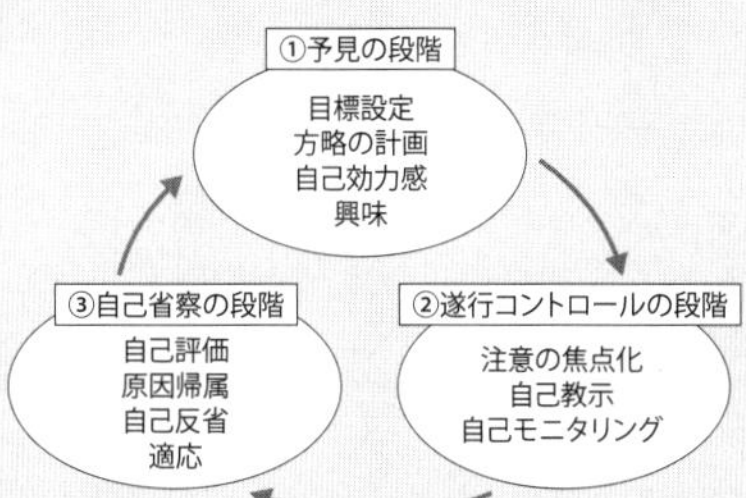

図4-4　自己調整学習における3段階の過程（伊藤，2008）

協働的な学びの一つとして、習ったことや調べたことを他者に伝えることが、教えるほうにも教わるほうにも有意義なことは心理学的にも明らかにされているが（深谷、2011）、高校での「教え合い講座」という学習法講座が報告されている（深谷他、2016）。ただし、いきなり各自が調べたことを他の生徒に教えるという活動を導入しても、すぐにうまくいくものではない。とくに、一方的な説明になってしまったり、単語を答えさせるだけのクイズ的なやりとりになってしまったりする傾向があるという。これは、「人に教えるとはどういうやりとりをするものか」という各自の固定的なパターン（教授・学習スキーマ）があるためと考えられる。そこで、わかりやすく教えるためには、聞き手の理解状態を引き出しながら内容を伝えることを強調し、よい例やよくない例を示し練習させてみることで、大幅な改善が見られるようになったという。

最近は、ウィズコロナ時代の試みとして、大学の研究者と学校が連携して行った「オンライン学習法講座」の実践もある。植阪他（2022）は、高校の英語と数学について、全6回の講座の授業設計や実践の様子を報告している。オンラインで行う場合、ややもすると、講師からの一方的な情報伝達になって生徒が受身的になることや、理解状態の把握がしにくくなるというような問題が予測されたので、ＯＫＪを参考にした講座の進め方を計画したという。リモートでの特徴的な点としては、「ＺｏｏｍのブレイクアウトルームをZoomの機能を活用し、各グループに大学院生のファシリータを置いた協働学習を入れること」「宿題として意味内容を説明するような課題を出し、生徒自身が説明している動画を提出させること」などがある。生徒へのアンケートでは、内容の満足度、自分の学習方法の自覚、今後の改善への意欲などについて、大きな成果が得られており、他の教員への影響も見られたという。

（3）学習法講座の効果検証と実践に向けて

学習法講座は、２０００年前後から長期にわたってさまざまな校種、形態でなされてきて、その内容や方法も広がってきている。また、上記の植阪他（２０２２）のアンケート結果にもあるように、学習者からも学校教員からも高い評価を受けることが多い。しかし、実際に学習法講座で推奨されるような学習観・学習方略への変容が起こり、長期にわたって定着するかということについては、まだ十分検証されているとは言えない。これまでの実践から示唆されているのは、学習法講座を単発的に行うだけでは、それに触発されて変容や自発的活用が起こるのは一部の生徒に限られ、日常的な指導との連動が不可欠だろうということである。

瀬尾（2019）は中学校で行った実践の検討から、学習法講座を行うだけ、あるいは、学習方略を意図した授業を行うだけでは効果が限定的で、両者を組み合わせることで高い効果が生まれるという。ある中学校では、パズルを例にあげながら「教訓帰納」という方略によって問題解決のスキルが向上することを講座で解説してから、数学の日常的な指導でも間違えた理由や改善点をノートに書くように求めた。すると、自発的に行う生徒が、1か月後に35％、9か月後に65％とむしろ増加した（Seo et al., 2016）。これは、学習法講座を受けて意識化された教訓帰納方略が、普段の小テストや定期テストなどを通じて有効であることが実感されたためであろうとしている。有効性の認知（自覚）と、実施するコスト（負担感）の低減が、学習方略の自発的利用には不可欠なことは、他の研究からも示唆されている。

そうしたことを考えると、本章で紹介したＯＫＪは確かに「学び方」の習得をも考慮に入れた授業設計ではあるが、学習方略を学習者にも自覚化させたり、一般的・理論的な裏づけをもつことを示して納得感を高めるようなはたらきかけを入れることによって、より学び方の定着や転移が促されるのであろう。今後の実践の改善が期待される。

参考図書

・市川伸一（2020）『「教えて考えさせる授業」を創る　アドバンス編：「主体的・対話的で深い学び」のための授業設計』図書文化社

「教えて考えさせる授業（OKJ）」の背景や基本的な趣旨から、実践例、授業づくりのポイントなどをコンパクトにまとめたもの。OKJが生まれてから10数年ほどたった時点で、学校でどのように受け止められていて、導入校ではどのような成果や課題が見られるかについても触れている。

・市川伸一（2013）『勉強法の科学：心理学から学習を探る』岩波書店

高校生や中学生にも読めるように、認知心理学の基礎を解説した本。学習法講座のテキストとして使われることもある。テーマとしては、記憶、文章理解、問題解決、学習意欲などを扱っている。第三章で紹介した『勉強法が変わる本』よりは入門的で、基本的な考え方や知見の解説に重点を置いている。

◉第五章

探究の学習をどう進めるか

我が国の教育は、長らく知識・技能の習得を中心に考えられてきた。そこで不十分であったのは、批判的思考力、創造性、コミュニケーション力などの育成である。

１９９８年の学習指導要領改訂で「総合的な学習の時間」が設けられ、学習者の興味・関心に基づいてテーマを設定し、それを追究するような探究学習が重視されるようになってきた。

「総合的な学習の時間」や教科の中での探究活動等について、事例を参考にしながら、目標とする学力、指導・支援のポイントなどについて考えていく。

1．探究の学習とめざす学力

（1）日本の教育に足りなかった学力とは

かつて、日本の教育は、子どもたちに基本的な知識・技能を身につけさせることを強調しており、子どもたちを受け身的な態度の学習者にしてしまうという批判が強かった。確かに、もともと日本には、知識・技能の伝達、つまり「ならうこと」を一義的に考える傾向があり、かつては中国文化、続いて西欧の進んだ文化を取り入れることが重視されていた。明治時代になり、近代学校が成立してからも、小学校では生活上必要な読み書き算の能力を身につけること、中学校以降は、実用として、あるいは教養としての学問的な知識・技能を身につけることに主眼があった。

そこで不十分だったと思われる学力は何だろうか。一つには、学問や社会の中で伝えられている既存の知識が本当かどうか疑い、吟味・検討するという**批判的思考力**（critical thinking）である。もう一つは、それまでにはなかったような新しい事実、考え方、作品などを生み出そうとする**創造性**（creativity）である。また、そうして自ら考えたことを的確に表現したり、他者とやりとりするような**コミュニケーション力**である。どれも学問の世界では大切なことであるが、社会がすすむにつれて、より多くの国民にそうした素養が求められるようになってきたと言える。

一つには、社会生活そのものが加速度的に高度になってきて、それまでの生活をただくり返すだけではなく、工夫して新しい価値を生み出す必要が出てきたためである。農業、工業、商業、サービス業など、およそすべての産業において技術革新は著しく、新しいことを取り入れたり考え出したりしなくてはならない。もちろん、かつても創造的な技術やアイデアを出すことは必要ではあったが、それは開発や管理・運営に関わるごく一部の人たちで、多くの労働者は、決められた手順で正確に仕事をこなすことが求められていたと言えよう。今は、単純作業の機械化、コンピュータ化がすすんだこともあり、新しい価値を付加するような仕事がより広く求められるようになってきたのである。

もう一つあげられるのは、時代とともに民主主義社会が浸透するにつれて、国民一人一人が考え、判断するという機会が多くなったことである。少なくとも民主主義社会では、為政者は世襲で決められているわけではないし、兵力の強いものが権力をもつわけではない。マスコミなどを通じて得られる多くの情報をもとに、それらを批判的に吟味し、自分なりの判断をくだすことで、全体として妥当な政策を実現するというのが民主主義の理念である。自治体や国家の代表者を選ぶのは、国民一人一人の責任にかかっているわけである。

（2）探究学習と「総合的な学習の時間」

批判的思考力や創造性といった能力を育成するために、学校教育の中にもっと探究的な学習を取り入れていくことが求められてきた。これまでの教科の学習では、学問的な体系に沿って、その内容を系統的に習得していくことがその中心であった。もちろん、その習得過程においても、理解、思考、判断、表現といった学力は育成されていくわけであるが、重点の置き方や活動のしかたは探究的な学習とはやや異なる。

ここでいう探究の学習とは、自らの興味・関心に基づいて課題を設定し、それを追究していくような学習のことである。第二章、第四章で用いられた、習得と探究の2サイクルモデルで言えば、探究学習では、「課題設定」、「計画」、「実施・考察」、「発表・討論」という活動の流れになるのが一般的である。習得の授業とは異なり、学習者の主体性がいっそう重視され、習得サイクルでの「教えて考えさせる授業」とは対照的に、必要に応じて教師が支援を行う、いわば「考えさせながら教える授業」になる。

探究学習は、教科の中でも行いうる。つまりその教科に即した内容で、普段から疑問に思ったことや追究してみたいテーマを、学校の授業時間を使ったり、長期休暇の自由研究などとして行うことができる。しかし、実際には、活動内容も多岐にわたり、そこで使われる知識・技能も教科横断的になることが多いため、学校では**総合的な学習の時間**があてられることが多いであろう。そもそも、総合学習はそのようなねらいをもって創設されたものであった。

１９９０年代にはいり、**新しい学力観**というコンセプトによって、知識の量を増やすだけの学力ではなく、自ら考え、表現するという学力が重視されるようになっていった。また、現代社会の直面するリアルで教科横断的なテーマ（たとえば、環境、エネルギー、国際理解、福祉、健康、情報など）について、自ら調べ、考え、発表・討論するような学習を促したいという期待もあった。そこで、全体として授業時間を削減する中で、あえて新しく「総合的な学習の時間」を設けたのが１９９８年の学習指導要領改訂である（小学校、中学校での全面実施は２００２年度より）。

ちょうどこの時期、学力低下論争（第一章参照）が起こったこともあって、２００８年の学習指導要領改訂では全体的に教科の時間を復活し、総合学習は時数がやや削減されたものの、**習得・活用・探究**という新しいキーワードの中で、探究学習の重要性は引き続き強調された。当時、小学校では総合の時間に外国語活動を行っているような例もあったが、高学年において外国語活動の時間を別途定めることにより、総合で行う学習活動は、生徒自身の興味・関心を重視した体験活動や探究活動を中心とすることがより明確になったとも言えるであろう。

この傾向は、2017年（高校は2018年）の学習指導要領改訂でより鮮明になり、小学校中学年で外国語活動、高学年で外国語が正式の教科となり、総合はもとより、教科の中でも探究的活動がいっそう重視されるようになった。高校では、「総合的な学習の時間」は「総合的な探究の時間」と言われるようになり、「歴史探究」「理数探究」などの科目も設置されるようになっている。

2. 探究学習の実例

探究学習は、学校種によって温度差はあるものの、小学校から高校までしだいに広くとりいれられるようになってきた。教科の中で、活動の自由度を広げて、児童・生徒自らの興味・関心に沿ったテーマを追究させるものもあれば、総合的な学習の時間を活用したものもある。また、2002年度以降、文部科学省のスーパーサイエンスハイスクール（SSH）の指定校では、大学や研究機関の協力も得つつ理数系の科学技術の探究学習を推進している。一方、高校生の研究発表の場として、学会などの学術団体が「高校生セッション」を設けたり、そうした活動の実績を大学入試などの選抜でも評価しようという動きも出てきている。

（1）数学の模擬学会——琉球大学附属中学校での狩俣実践

琉球大学教育学部附属中学校の狩俣智教諭の実践は、Researcher-Like Activity（RLA）という考え方を中学校の数学の学習に導入したものである（狩俣、1996）。RLA（市川、1998）とは、科学者が行っているような研究実践活動を模した活動ということで、もともとは、大学や大学院の授業で行われていた。狩俣教諭は、中学3年生の教室を学会のポスター発表会場に見立て、自分のつくってきた問題とその解答を作品化すること、さらに、発表による共有、討論による吟味を組織化している。

図5–1は、その一例であるが、台形の紙ABCDを長方形の封筒EFGHから

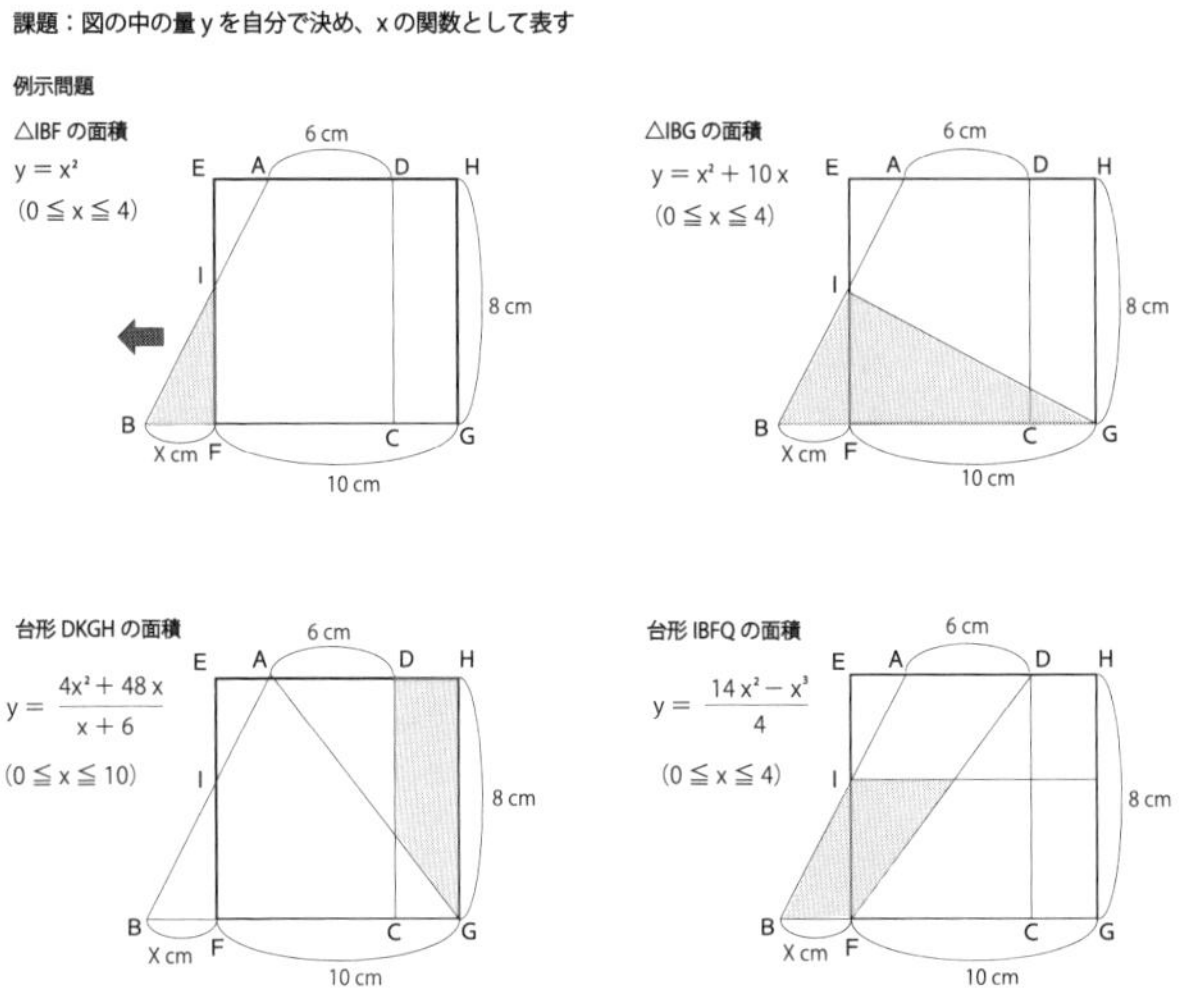

図5-1　問題づくりの対象となった図形と生徒のつくった問題例

生徒A	いろいろな関数を作ったけれどありきたりで、何度も何度もやり直した。変域ごとに式が変わる関数を作ったのが、自分の工夫した点だ。ポスターセッションでの発表はうまくいき、相手がわかってくれたのでとてもうれしかった。みんなの発表も聞けていい方法だと思う。
生徒B	前に出て発表するよりも、ポスターセッションのほうが気軽でよい。また、どんな質問が来るかわからないので、自分の関数を徹底して分析するので理解も深まる。
生徒C	二つの山があった。一つは問題を発見することで、もう一つはそれをみんなに発表すること。みんなの前で発表するので、簡単すぎるのはだめだ。また、発表があるので、質問を予測して、答えられるようにいろいろな方向から問題を見直した。
生徒D	はじめは何も気づかずに説明していたが、自分の関数に誤りがあることを指摘されてわかった。でもためになった。
生徒E	問題がうまく発見できなくて、先生と友達の助けを借りて、なんとか関数を作った。最初説明がうまくできなくて、質問ばかりされていたけど、質問されているうちに、いままでわからなかったことがだんだんわかってきた。この取り組みは大変だったけど大切なことがわかったような気がした。

表5-1　問題発表を行った中3生徒たちの感想例

x cm引き出したときに、何らかの量y（面積や長さ）を自分で定義し、yをxの関数として表すという課題である。問題づくりをとり入れた授業はしばしばあるが、とくにこの実践では、課題の自由度が高く、問題の検討、発表までの準備、発表時の討論などを重視しているのが特色である。生徒からは表5−1のような興味深い感想が得られている。

筆者もその場で見学していたが、学会さながらの熱気があり、他校から来た教師は、「背筋が震えるくらい感動した。新しい学力観に基づく数学の授業といっても、これまではピンとくるものがなかったのに」と評していた。確かに、通常の中学校の数学の授業で、教室全体が騒がしくて困るくらい生徒が発表や議論に集中する姿はあまり見られるものではない。この生徒たちは、自分たちの課題が実際の数学者とはレベルが違うことはわかっているだろうが、その精神においては、数学者の探究活動やコミュニケーション活動のおもしろさを味わっていると思われるのである。

(2) 総合学習での課題追究——東京大学附属中等教育学校

東京大学教育学部附属中等教育学校は、長年にわたり中高一貫教育を実施してきた学校であるが、いわゆる受験エリート校として知られているわけではない。むしろ、特色ある教育によって「もう一つの優秀さ」を追求してきた学校と言える。中でも、卒業論文を書くという伝統があり、自ら設定したテーマを追究することが課せられる。中学校・高等学校が制度的にも一体化した中等教育学校となってからは、6年間の一貫したカリキュラムの中で、2−2−2制と言われる2年ごとのまとまりをつくっている。総合的な学習の時間は、2年ごとに「総合学習入門」、「課題別学習」、「卒業研究」にあてられている。

課題別学習は、教師のほうでいくつかのテーマを提案し、生徒がその中から選択する。1年ごとに活動は完結するが、授業は異学年（中3と高1にあたる）が合同して行われる。2012年度の例をあげると、技術科教員が開講したのは、授業の発展として、電子回路やシミュレーションの知識を生かして、自

図5-2　沖縄での学習に基づく創作ダンス（東京大学附属中等教育学校）

- ・歌舞伎にみられる平家物語
- ・西遊記・沙悟浄の研究　―その人物像形成の謎―
- ・思想家ベーコン　―ベーコンの思想を通して、今をみる―
- ・小学校受験　―今どきの子育てについて―
- ・老人福祉　―ボランティア活動を通じて―
- ・東京ホームレス事情と社会背景
- ・阪神大震災における心理的ケア
- ・脳死について　―脳死と臓器移植―
- ・安楽死　―人々にとって安楽死とは―
- ・農薬について　―実際に作って考える―
- ・テレビゲーム画面と操作性の進歩
- ・自動販売機の出現と現在の販売状況の考察
- ・電子通信から光通信へ　―マルチメディアの世界―
- ・効率のよいエネルギーの利用
- ・科学の発展と倫理

表5-2　東大附属中等教育学校の卒業論文テーマの例

分でハードウェアやソフトウェアを作ってみるという授業である。通常は、個別の作業となり、教師のアドバイスを受けながら進めるが、最後はその作品の発表会となる。保健体育科教員の授業では、沖縄の文化について各自が予備学習をしてから、実際に沖縄に行ってインタビューや体験活動を行い、グループごとに創作ダンスとして表現する（図5−2参照）。

卒業論文のテーマは、表5−2のように、文学、歴史、社会から、医療、化学、物理など、多岐にわたっている。「主体的に」といっても、まったく自由放任というわけではない。教員全員が、どのような分野なら途中の相談や指導に応じられるかをリストにして生徒たちに配布する。生徒のほうは、テーマについて複数の教員に説明してまわり、相談にのってもらう。ここで、十分な説明ができないと教員から承認印がもらえない。その上で指導教員を誰にしたいかの希望を出し、中間報告を何度か行いながら、高校3年次に論文として提出することになる。論文は文化祭でも展示されるが、充実した力作が多く見られる。中には、この卒業論文を推薦入試の面接に持参してアピールする生徒もいるという。

3．探究学習の成果と課題

（1）探究学習でどのような学力がつくのか

探究学習については、一部の先進的な教師や学校では従来から行われてきたものの、全国的にめざされるようになったのは、総合学習が小・中・高校で全面実施されるようになってから（小・中では2002年度、高校では2003年度）であり、まだ成果が十分分析されているわけではない。第一章、第二章でも見てきたように、探究学習は成果物の評価や、学習プロセスの評価が比較的難しいことも大きな要因である。したがって、定量的な効果測定や、どのような指導方法が有効かという実証的な提言は今後にまたなくてはならない。

ただし、学校教員へのインタビューなどから言えることは、テスト場面での問題解決というよりは、長期的に課題に取り組んで、粘り強く解決を図るという態度や力がつくということである。また、こうした力は、教科学習や試験勉強ともけっして無関係ではないという。たとえば、試験勉強にしても、一つ一つの問題解決は確かに短時間のペーパーテストで行われるものであるが、いかにして目標に向かって自分の学力を上げていくかという長期的な問題解決でもあるからである。現在の状態と目標状態をどのようにして埋めていくか、そのためにどのような有効な手段が使え、計画的に実行していくか、ということは共通している。

また、探究学習には多くの場合、コミュニケーション活動が伴っている。グループで協働的な探究活動を行っている場合には、お互いのアイデアを交換したり、相談しあったりすることが頻繁に起こる。いわゆる表現力と同時に、聴く力や、問う力も育つことになる。児童・生徒たちは、それぞれの別の課題に取り組んでいるので、それを発表して聞き手にわかってもらうためには、明瞭でていねいな説明が必要とされる。また、うまく伝わらないこともしばしば生じるので、質問をしたり、それに回答したりすることがごく自然に生じる。

(2) 探究学習は習得とどう関わるか

一方で注意しなくてはならないのは、習得と探究のバランスに配慮することと、習得と探究の学習の結びつきを考えることである。第一章、第三章でも述べたように、こうした対照的な学習のあり方は、ついそのときのブームのように一方のみに重点が置かれやすい。そこで弊害が生まれると、また逆の極端に移ることがあり、**教育界の振り子現象**と言われる。

たとえば、受験が過熱して知識偏重の弊害が言われると、ゆとり教育で教科学習が軽視されて総合学習に関心が集まり、そこで学力低下が指摘されると、基礎学力重視に回帰したりすることである。2017年の改訂に際しては、中教審の審議でもその点の注意が喚起されたが、教育界では「今度は探究重視になったらしい」と受け止められて教育委員会や学校が探究のみを取り出してテーマにする傾向も見られる。

もとより、習得の学習は、ただ基礎的な知識・技能を獲得するだけでなく、

・獲得した知識・技能を探究学習の中で活用すること
・説明、発表、討論など、習得学習において育まれる能力が探究で生かされること
・習得の中から新たな疑問が生まれて、探究のテーマにすること

というような機能があり、それによって探究学習との結びつきが図られる。児童・生徒にもそのような意識をもってもらうようなはたらきかけが必要であろう。

(3)探究学習で求められる教師の指導・支援

探究学習を指導・支援する教員にもまた、それぞれの生徒の追究している問題に応じた力が必要とされることは確かであり、これは、大きな課題ともなっている。小学校であれば、学級担任制で一人の教師がいろいろな教科を教えているため、教師自身の知識も教科横断的であり、子どもたちの知識状態もある程度想像がつきやすい。しかし、中学校、高校で教科担任制になると、生徒たちが全体としてどういうことを習っているのか、教師にも把握しにくくなる。同時に、生徒が興味・関心を示すテーマは高度で専門

的になってくる。

探究の学習であるから、質問についての答えを教師がすべて与える必要はない。しかし、調べ方、まとめ方、発表のしかたなどの、探究に必要な学力は指導する必要がある。また、教員が連携して支援にあたったり、地域の人材につないだりするための**コーディネート力**が不可欠である。探究という新しい学習を促すために、教師にも新しい資質・能力が求められる時代になったと言えるだろう。

2020年代にはいってから中教審、文科省から方向性として強調されている「個別最適な学びと協働的な学びの一体的充実」（コラム1―2参照）のうち、もっとも典型的なのは、探究学習の場面と言える。そこには、**GIGAスクール構想**（コラム5―1）によって全国的に実現されたICT環境も活かされることが期待される。

コラム5-1 GIGAスクール構想によるICT環境の充実

学校でのICT（information and communication technology）の整備目標として、児童生徒1人1台の端末（ノートパソコンやタブレット端末）と、インターネット活用のための高速大容量ネットワーク環境があった。これが、2019年に文部科学省から発表された「**GIGAスクール構想**」で、GIGAとは、Global and Innovation Gateway for Allの略である。膨大な予算を必要とするものだったが、2020年春からの新型コロナ感染の拡大によって、オンライン授業の必要性が叫ばれたために急きょ前倒しとなって実現された。

急激にICT環境が整ったものの、実際にどのように教育に活用するかについては、模索が続いている。習得の授業における教師の掲示物や子どものノート取りなどをパソコンに置き換えるという使い方もあれば、探究的な学習で、情報の検索、データ処理、レポート作成、プレゼンテーションなどのツールとして活用している学校もある。電子メールやオンライン対話によって、他地域（外国を含む）や社会の人たちとコミュニケーションするような使い方もしだいに出て来て、学びの姿が大きく広がる可能性がある。

参考図書

・市川伸一（２００４）『学ぶ意欲とスキルを育てる：いま求められる学力向上策』小学館

この第二章の中で「知識を生かした探究の場」として、探究学習の例が挙げられている。実技教科、キャリア教育などの中でも、いろいろなテーマがありうることが見て取れるであろう。学習指導要領改訂（２００８年、２０１７年）には、この本にあるような習得と探究のコンセプトが取り入れられている。

・田中博之（２００８）『フィンランド・メソッドの学力革命：その秘訣を授業に生かす30の方法』明治図書出版

フィンランドの教育は、国際学力調査ＰＩＳＡで好成績をあげるようになってからとりわけ注目されており、今後、思考力、表現力を育てようとする日本の教育にとって、参考になる点を多く含んでいる。本書では、探究学習を多く取り入れたフィンランドの授業の特色が具体的に描かれており、日本の学校での活用のしかたも解説が詳しい。

・東京大学教育学部附属中等教育学校（編著）（２０１０）『新版　学び合いで育つ未来への学力：中高一貫教育のチャレンジ』明石書店

本書でも探究学習の実践例を紹介した東大附属の教育について、東京大学教育学部の教員それぞれの立場から解説、論評している。

◉第六章

地域に広がる学習環境

学習指導要領に示された教科学力のみならず、社会で生きていくために必要な知識・技能や意欲・態度を育てることは教育の中で極めて大切である。「生きる力」は、そうした含みをもった用語だった。

その後、学力向上と並行して、人間力、社会人基礎力といったキーワードが教育界でも使われるようになった。

これらの力を伸ばすには、学校のカリキュラムだけでは十分ではない。家庭教育、学校教育、民間教育、地域教育を対比しながら、それぞれの長所、短所を考えてみよう。とくに、地域教育においては、多くの社会人と接することによって、子どもの夢や目標を育むことができるのが大きな長所である。その活性化の方策も考えていきたい。

1. 人間力育成と学習環境

(1)「生きる力」と「人間力」

教育で育てようとしているのは、狭義の教科学力だけではない。学校には、道徳、特別活動(クラブ活動、学級活動、生徒会活動、学校行事など)、部活動などがあり、その中で自律性や社会性を育むことも期待されている。本書でこれまでも述べてきたように、1980年代くらいまで、日本の教育が教科学力、とりわけ受験準備の学習を偏重してきたことの見直しから、1990年代には、「ゆとりの中で生きる力を育む」という方向へと向かっていった。1996年の中教審答申では、次のように**生きる力**が説明されている。

我々はこれからの子どもたちに必要となるのは、いかに社会が変化しようと、自分で課題を見つけ、自ら学び、自ら考え、主体的に判断し、行動し、よりよく問題を解決する資質や能力であり、また、自らを律しつつ、他人とともに協調し、他人を思いやる心や感動する心など、豊かな人間性であると考えた。たくましく生きるための健康や体力が不可欠であることは言うまでもない。我々は、こうした資質や能力を、変化の激しいこれからの社会を「生きる力」と称することとし、これらをバランスよくはぐくんでいくことが重要であると考えた。

ここでは、いわゆるペーパーテスト学力とは異なる、自己学習力、思考力、判断力等の広義の学力のほか、人間性、健康・体力なども含めた相当広い意味で「生きる力」が使われている。反面、やや具体性に欠け、どういう資質・能力なのか、指導や評価はどうすればよいのかわかりにくいところがあった。（ちなみに、2008年の学習指導要領改訂にあたっても、「生きる力」はキーワードの一つになっているが、当時の文部科学省の表現は、「ゆとりの中で生きる力を育む」から、「ゆとりか詰め込みかの二者択一ではなく」に改められている。）

1998年の指導要領改訂直後、大学関係者や受験界からは学力低下の指摘がなされたが、一方では、産業界や労働雇用の分野からは、若者の学力低下ということにもまして、フリーターやニートの増加という問題が提起されていた。つまり、定職についてスキルアップを図ろうとしないこと、そもそも働く意志がないことなどの問題である。また、職場で働くにあたってのコミュニケーション能力や、自律性、計画性、主体性、実践的問題解決力なども問題とされた。

こうした現代の若者の意欲や資質に関する問題が、**人間力**という言葉として提起されたのは、当時の経済再生諮問会議であり、それが内閣府の**人間力戦略研究会**の発足へとつながった。この会議は、2002年の11月から2003年の3月までという短い期間ではあったが、教育界、産業界、労働・雇用という3つの分野の委員やゲスト、および関係省庁（文部科学省、経済産業省、厚生労働省）のオブザーバーから成る比較的大きなものであった。

（2）人間力の定義とその育成

筆者はその会議の主査を務めることとなり、研究会の役割として、「学力」や「生きる力」と対比させながら、人間力をどう定義するかをまず議論の俎上に乗せることとした。これは、そもそも教育で何を育てるのか、という大きな問題の基盤ともなることである。教育には必ず目標とするモデル像があるが、従来の学校教育は、基本的には教科の学習を極めた人物（たとえば、学者、芸術家、アスリートなど）をモデルとしているところがあった。しかし、一方では、むしろ普通に生活を営んでいる一般市民こそをモデルとした教

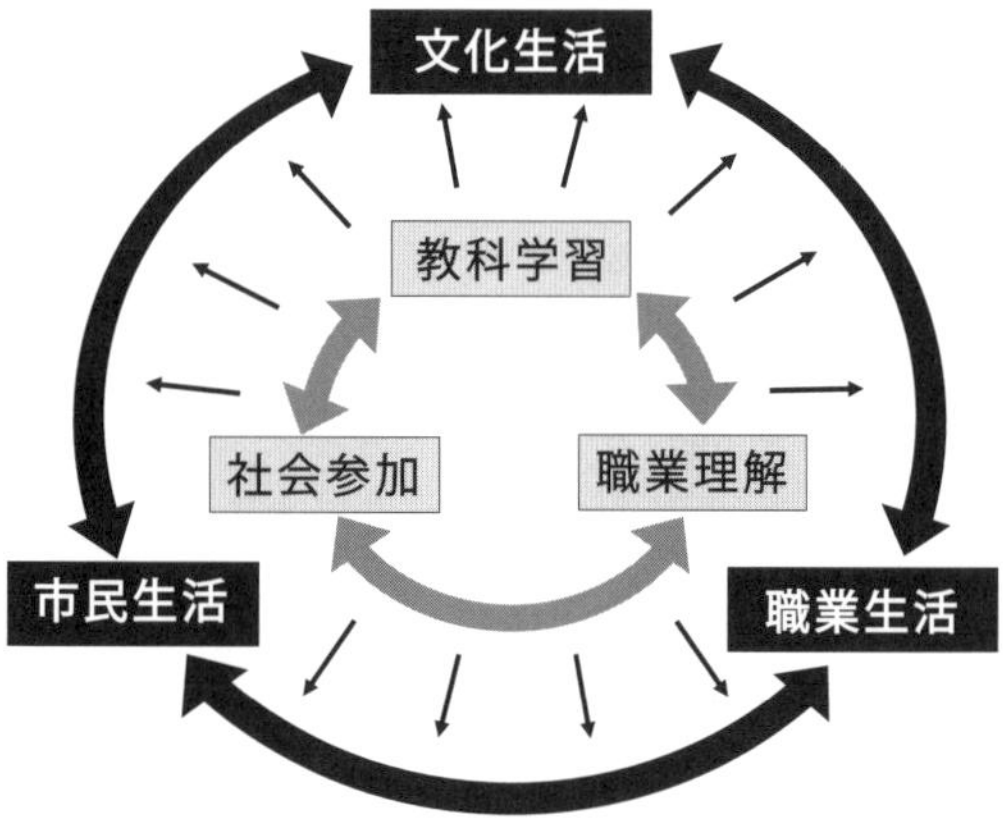

図6-1　人間力とその育成のモデル

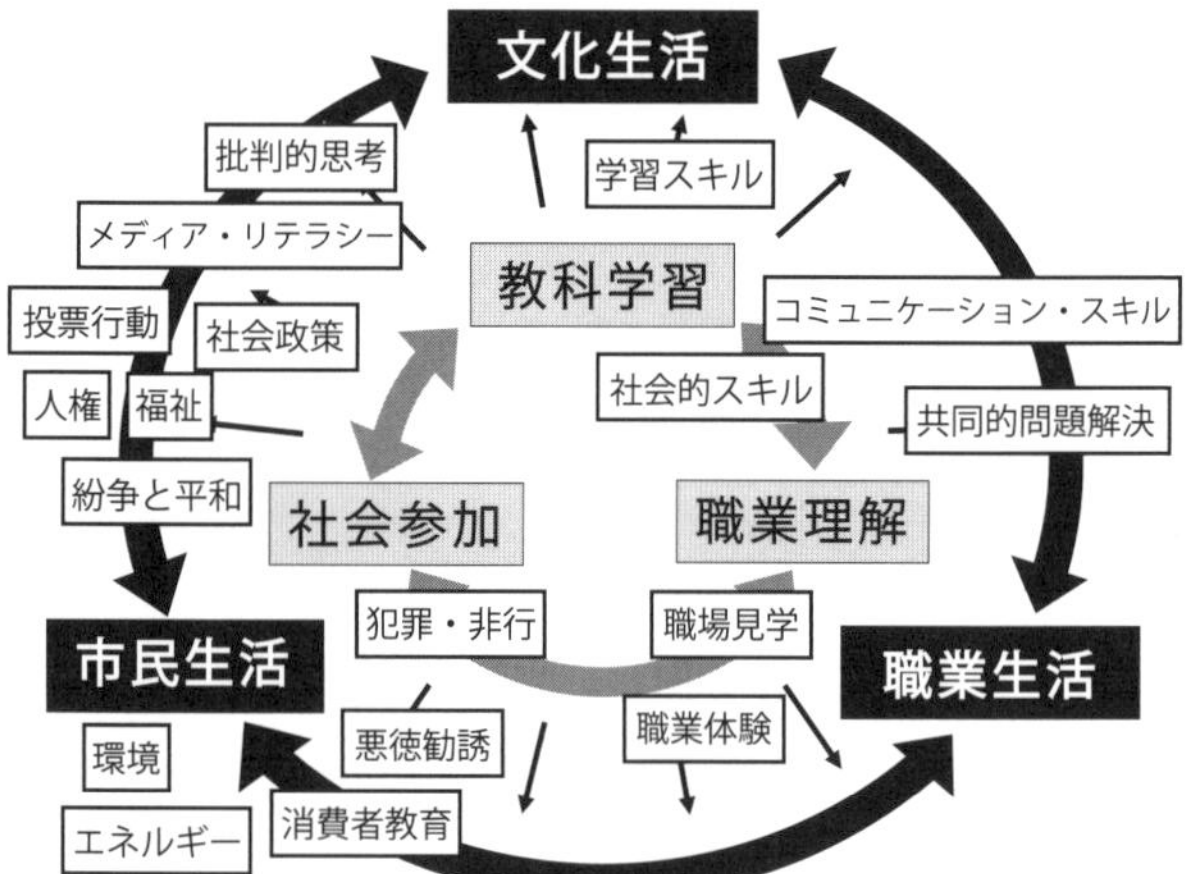

図6-2　人間力に関連するさまざまなテーマ

育があってよい。そうした発想に立って、「社会を構成し運営するとともに、自立した人間として力強く生きていくための総合的な力」として人間力を広く定義し、知的能力的要素、対人関係力的要素、自己制御的要素を含むものとした（人間力戦略研究会、２００３）。

ただし、より重要なのは、一般市民をモデルとするというのであれば、その社会生活はどのようなものであり、それを営むためにはどのような知識・技能が必要かを考えていくことである。図６－１と図６－２は、人間が社会の中で営んでいる職業生活、市民生活、文化生活について、どのような知識や能力が必要かというテーマを例示したものである。内側の職業理解、社会参加、教科学習という内側の円は子どもの学習活動であり、これが展開されて大人の社会生活へとつながっていく（市川、２００３）。

（３）さまざまな学習環境とその特徴

このように、「人間力」というのは、大人の社会生活を念頭に置くことで「生きる力」をより広く、しかも、より具体的なテーマや目標が見えてくるようにした概念と言える。

しかし、相当の広がりをもっているために、学校という教育機関だけでその育成を担う

家庭教育
○長期にわたる全人的な教育が可能 ●保護者、家庭による環境の差が大きい ●内容の専門性、多様性は限定される
学校教育（授業・補習・部活等）
○義務教育は、すべての子どもが受けられる ○高校も、公立ならば費用はあまりかからない ○成績・卒業が、進学・就職の社会的評価につながる ●児童・生徒に内容選択の自由が少ない ●学校に所属している生徒しか参加できない
民間教育（塾・習い事等）
○多様な内容・レベルから選択できる ●家庭に経済力がないと受けにくい ●商業ベースにのる内容に限定されがち
地域教育（地域施設・NPO 等）
○多様なプログラムが提供される ○生徒は、自由・自発的に参加でき、費用も安い ●もともと意欲が高い子どもだけになりがち

表6-1　さまざまな学習環境の長所（○）と短所（●）

ことはおよそ不可能である。そこで、いろいろな教育の場の長所・短所を考慮しつつ、どのように人間力を育てる環境を総合的につくっていくかが問題となる。表6－1は、家庭教育、学校教育、民間教育、地域教育という4つの大きな教育の場の長所と短所をまとめたものである。

ここで、人間力育成の場として、あらためて注目したいのは地域教育である。職場や学校が週5日制の時代となり、社会人や大学生がボランティアとして子どもたちのために講座やイベントを提供するという事例が増えてきた。また、定年退職者が、職業生活、市民生活、文化生活にわたって豊かな知識をもっている場合も多い。地方自治体も、社会教育の一環として、教育センターや公共施設で子ども向けの教育プログラムを実施するようになってきている。学習指導要領の制約にとらわれずに、かなり自由で主体的に参加できる機会を提供している地域教育の実践のようすを見ていきたい。

2. 地域教育の実際

(1) 地域教育の広報と実例

地域教育としてどのような教育プログラムが提供されているかは、残念ながら子ども、保護者、場合によっては学校教員にもあまり知られていないことが多い。従来は、自治体が主催するものは市区町村が発行する広報誌で、NPO、地域商店会、大学などが主催するものは独自のチラシやポスターで広報されていた。そのため、もともと熱心な保護者や子どもでないと目にとまらず、よく知られた伝統的な地域行事などに子どもが集

図6-3　台東区の「子ども環境委員会」での木こり体験

まることになりがちであった。近年は、インターネットや携帯電話で参照できるサイトが増え、自治体のほうでも、地域プログラムを積極的にとりあげて広報するような動きが出てきている。

最近の地域教育で目立つのは、伝統的な行事への参加というよりも、環境問題のような市民生活に関わるテーマを学ぶもの、農業・生産業・商業などの職業生活を体験するもの、ゲーム・料理・音楽・スポーツといった日常的な文化活動を楽しむものが増えてきていることである。実施者たちも、家が近所だからということでなく、同じような問題意識や興味をもった社会人たちが、それぞれのテーマのもとに集まることになる。したがって、特定の領域についての専門性は非常に高いものもあり、学校では学べないような詳しい内容になることもある。

たとえば、そのような例として、東京都台東区の「環境ふれあい館　ひまわり」で行っている小学生向けの「子ども環境委員会」がある。10人ほどのスタッフの中心となっているのは、環境問題について関心の高い市民ボランティアである。行政のほうでも、運営の仕事、場所の提供、広報活動などで活動を支援している。十数名の小学生が、ほぼ毎月行われる会合に参加し、エコクッキング、木こり体験などの活動を通して、環境問題についての理解を深め、自分たちでもできる実践は何かを考えていくプログラムである。この活動をした子どもたちは、まわりの子どもや大人へのはたらきかけをしたり、中学生・高校生になって実施ボランティアとして手伝いに来てくれる生徒もいるという。

東京都文京区では、区の教育センターで、科学教室、理科実験教室、親子パソコン教室などが開かれ、学校ではできないような実験や工作をしたり、コンピュータの使い方を学んだりしている。さらに、「文京アカデミー」という財団法人組織を区が設立して、大人向け、子ども向けの社会教育プログラムを実施する団体を募り、援助と広報活動を行っている。その中には、大学が提供する理数教育プログラム、銀行が提供する金融教育プログラムなどもある。

奈良市では、2012年夏に、小学生向け「小坊主体験」というプログラムが東大寺の主催で開かれ、市外からの参加もあったという。東大寺の二月堂に泊まり込んでの体験活動であり、学校教育ではなかなか実現できることではないだろう。奈良市のプログラムには、ほかにも、ハイキング、キャンプ、子ども合宿といった野外活動が多く、自然体験や宿泊体験を重視していることがうかがわれる。

(2)地域教育の意義と課題

本章では、狭義の学力からすすんで、人間力育成という点から地域教育の役割について考えてきた。「人間力」という言葉は、人間力戦略研究会報告書(2003)のあと、一時期官公庁でも使われたが、そ

学校教育	地域教育
公的組織が運営 明確な教師・生徒関係	さまざまな組織が運営 多様な教師・生徒関係
義務的 中心的	自発的、主体的 副次的
体系的、系統的 内容限定的	テーマ重視、多面的 内容多様性、開放的
同質的集団	異年齢、多彩な集団

表6-2　学校教育と地域教育の比較

の後、一般的に使われているわけではない。筆者自身、報告書の「はじめに」の「人間力をどうとらえるか――社会に生き、社会をつくる人間をモデルに」において、人間力という用語について次のように記している。

この定義は、多分にあいまいさを含んでいる。しかし、私たちは、人間力という概念を細かく厳密に規定し、それを普及させることをこの研究会の使命とは考えていない。人間力という用語を導入することによって、「教育とは、何のために、どのような資質・能力を育てようとするのか」というイメージを広げ、さらにそこから具体的な教育環境の構築が始まることにこそ意義があるのである。

その意味では、「社会に生きる一般市民としての人間力を、学校教育と地域教育が連携しながら育てていく」というスローガンは、一定の役割を果たしたのではないかと思われる。表6-2は、角替（1988）を参考に、学校教育と地域教育をあらためて対比させてみたものであるが、それぞれがかなり対照的な特徴をもっていることがわかる。

地域教育の効果については、統制された条件での大量のデータもとりにくく、あまり実証的に分析されていないが、参加した子ども、保護者、実施スタッフなどからの声は、「学校では学べないような体験学習と、人間関係を築くことができる」という示唆に富むものである。

地域教育の今後の充実に向けての課題は、実施側、参加者側の双方に存在する。実施側としては、学校教育と異なってボランティア的に行われることが多いために、運営が不安定なことである。担い手の不足、財政的基盤の弱さ、実施場所の不足などがあげられる。参加者側の子どもの問題としては、義務感やインセンティブが弱いために参加しない子が多いことである。双方にとって、自由で、主体的な結びつきであるだけに、「参加しない」のも自由なのであるが、参加してみないことにはそのおもしろさや充実感も得られない。

小さなインセンティブではあるが、人間力戦略研究会報告書では、地域教育を活性化するしくみとして、**授業外学習ポイント制度**という提案をしている。それを実現したものとして、「地域の学び推進機構」というＮＰＯが運営する「学びのポイントラリー」がある（http://www.chiiki-manabi.org/）。地域で実施しているさまざまなプログラムを登録してもらい、学校やウェブページを通じて広報活動を行う。子どもたちは、参加するとポイントカードにスタンプをもらい、一定ポイントごとに推進機構が認定証を発行して、参加を促すというしくみである。この認定証は、自己アピールとして入試の際に使われることもあるという。

第二章で学習意欲について述べたように、報酬を与えすぎることは、かえって内発的な動機づけを減退させることがある。意思や主体性を尊重しながら、参加したこと自体を認め、可視化していくというこのしくみは、東京都、大阪府、奈良県、岡山県などの一部で取り入れられており、一定の効果を表しているところである。

3. 地域教育に期待される新たな役割

1990年代から学校週5日制が徐々に浸透し、週末や長期休暇に学校以外の学びの場に参加することがしだいに期待されるようになっていったが、2020年代になり、新たに求められていることが2つある。どちらも、政府で検討され実施に移されている新しい動向なので、ここで見ておこう。

（1）部活動の地域移行

中学校や高校での部活動は、日本の教育において大きな役割を果たしてきた。とくに、運動部に多くの生徒が所属し、体力やスポーツマンシップが育まれてきたし、我が国のスポーツのレベルの維持・向上にも寄与してきたことはいうまでもない。

しかし、一方では、部活動には様々な問題点も指摘されてきた。たとえば、勝利至上主義になって過度な練習が課されたり、体罰の温床になってしまうようなことはかねてから指摘されてきた。さらに、近年大きな問題となったことの一つは、**少子化**が進んで学校規模が縮小し、それぞれの部活動に必要な生徒数が確保できない学校が増えてきたことである。また、もう一つの問題は、**教師の多忙化**がますます進行し、部活動の指導が勤務超過をもたらすことである。

本来、学習指導要領上、部活動は学校の教育課程として位置づけられておらず、教師や生徒が自発的で自由に行うものとされている。そこで、教師は部活指導を行う義務はないにもかかわらず、実際には当然のように割り当てられる場合も少なくない。また、一方では、教育課程上の業務よりも部活指導に熱心な教員もいて、それが日本の部活動を牽引していたことも確かである。こうした問題によって生じる歪みから、かねてより部活動を地域に移行させるべきではないかという議論はあったものの、学校における部活動の意義を重視する声もあり、なかなか実現は難しかった。

こうした中、2022年にスポーツ庁と文化庁は検討会議を経て、段階的な地域移行に踏み切った（スポーツ庁・文化庁、2022）。具体的には、2023年度から3年間を目標として公立中学校の休日の部活動は自治体や民間の運営するスポーツクラブなどに移行して**地域クラブ活動**とし、**学校部活動**は平日のみとすることとした。また、平日についても学校間の合同部活や地域への移行が推奨されている。私立中学校や公立・私立の高校も実態に応じて進めるよう示唆されている。また、これまでは対外試合やコンテストなどに出るためには学校単位で参加することが前提となっていたが、地域や民間のクラブでも参加できるようになるという。

結果的に、生徒たちが活動しにくくなってしまうことは避けなければならないが、生徒の多様なニーズに応じて、スポーツや文化活動に参加できる可能性が開かれることとなるかもしれない。今後、どうなるかが注目されるところである。

（2）特異な能力をもつ児童・生徒への対応

日本では、障害のある児童・生徒に対しては、かつての特殊教育、近年の特別支援教育として学校でも対応がなされてきた。一方、「個に応じた教育」や「個別最適な学び」が言われる中で、特定分野で特異な能力をもつ子どもたちのニーズに応じた教育にも目を向けるべきではないかという議論が高まってきた。海外では、「ギフテッド（gifted）教育」と呼ばれて、優秀児や特異な才能を有する子どもたちに特別なクラスやカリキュラムを用意することも行われている例があるが、日本では、学校でそうしたことはまず見られない。社会全体で見ると、スポーツ、芸術、語学などに関してはクラブや習い事という形で場が提供され、学業全般に対して高いレベルを求める児童・生徒には塾に通うという選択肢がある。しかし、科学技術的な興味関心や能力の高い子どもに応じた場というのはほとんど提供されてこなかった。

これまでも、**スーパーサイエンスハイスクール**（SSH）のように、文部科学省が補助金を出して、理数系の教育を重点的に行う学校はあったが、あくまでも学校単位の事業であった。小学校、中学校となると、学校として対応することは無理がある。そこで、あらためて、特異な能力をもつ児童・生徒が活動できるようにしていくことが考えられており、文部科学省の有識者会議でも、そのような方向が提言されている。

これは、あくまでも文部科学省の掲げる「個別最適な学び」の一環であり、一定の基準で才能や能力を線引きして特別扱いするものではないとしている。また、学校内部ですべて対処しようとするものではなく、個々の児童・生徒への相談や情報提供を行うのが学校の大きな役割であるという（特定分野に特異な才能のある児童・生徒に対する学校における指導・支援の在り方等に関する有識者会議、2022）。

具体的な教育の場を充実させるために、これまでも自治体、大学、民間団体などがプログラムを提供している例はあるが、2023年度より、国としても補助金を出して、科学技術分

コラム6-1　科学技術の才能を伸ばすために大学等が提供するプログラム

文部科学省と日本科学技術振興機構（JST）は、これまでも科学技術分野に意欲や能力をもった児童・生徒のために、大学や高専などが企画運営するプログラムとして、「グローバルサイエンスキャンパス（GSC）」（高校生向け、2014年度〜）や「ジュニアドクター育成塾」（小・中学生向け、2017年度〜）を助成してきた。2023年度からは、これらを統合した次世代科学技術チャレンジプログラムという事業を開始する。学校教育では対応しきれない才能を伸長させ、グローバルに活躍し得る次世代の傑出した科学技術人材の育成を目的としている。

野における高度な資質・能力をもった児童・生徒を育成するプログラムを実施する大学を募集することとなった（コラム6－1参照）。今後は、自治体や民間団体でもこうした学習活動を推進する動きが出てくるかもしれないが、まだ始まったばかりであり、プログラムを提供する側と受講する児童・生徒側双方に、どれだけの参加が見込めるかは未知数である。

参考図書

・市川伸一（編）（2003）『学力から人間力へ』教育出版

人間力戦略研究会の報告書が出されたあと、その会議に参加したメンバーたちが人間力とその育成について論述したもの。少し古い刊行であるが、まだまだ実現されていない点も多くあり、広い意味での教育を考える上での参考になるだろう。

第三部

学習を支える教師

◉第七章

学力の診断と評価

最近は、教育界でも、目標に基づいて計画・遂行したあと、きちんと評価して次の行動に生かすという「PDCAサイクル」の考え方が求められるようになっている。評価の目的が、学習の改善にあることを踏まえて、学校におけるさまざまな学力評価の方法を整理する。

また、2017年の学習指導要録改訂のあと、通知表の原簿にあたる「指導要録」が改訂され、従来小・中学校で行われていた観点別評価が四観点から三観点になり、高校でも適用されるようになった。こうした動向について押さえておく。

さらに、新しい診断・評価として、COMPASS、PISA、パフォーマンス評価などについて触れる。

1．学力の診断と評価をめぐる考え方

（1）診断と評価とは

診断と評価という言葉は、教育のみならず日常のさまざまな場面で使われており、必ずしも明確な区別があるわけではない。しかし、そこに含まれる語感は、目的や方法などの点で若干の違いがあると言ってよいだろう。教育場面において、**診断**（assessment あるいは diagnosis）とは、学習者がどのような状態であるかをいろいろな情報によって分析的にとらえることをさし、その後の指導の手立てとするという語感がある。したがって、教育的なはたらきかけの事前、または途中において行うのが普通である。また、必ずしも、良さとか望ましさの価値判断を含まない診断（たとえば、性格や興味などの個人的特性）も存在する。一方、**評価**（evaluation）というのは、教育の結果として生じた学習者の状態に対して、何らかの価値づけを伴う情報を表出するという語感がある。

はじめに述べたように、診断と評価の区別は明確ではなく、とくに「評価」という用語は広い意味で用いられることがあるが、このようなニュアンスの違いを知っておくことは役に立つ。1970年代のカリキュラム論や評価論に大きな影響を与えたアメリカ

の教育心理学者ブルーム（J. S. Bloom）は、教授—学習過程の事前情報の収集として行う**診断的評価**、途中の状況を把握して指導の調整に生かす**形成的評価**、学習成果のまとめとしての**総括的評価**を効果的に行うことで、**完全習得学習**（mastery learning）がなされるというモデルを提案している。ここでは、「評価」を広い意味に用い、「○○的」として、行う時期と目的に違いがあることを示している。

（2）PDCAサイクルと「指導と評価の一体化」

目標のある営みには必ず評価があると言っても過言ではない。近年、もともと品質管理や企業経営の分野で基本とされていた計画（Plan）—実施（Do）—検証（Check）—行動（Action）によって改善を図るという**PDCAサイクル**が、教育の世界でも強調されるようになってきた。もちろん、教育場面では客観的で数量的な効果検証がつねにできるわけではないので、すべてにこのサイクルをあてはめることはできないが、目標を明確化し、それがどれだけ達成されたかを確認し、次の指導につなげていくということは必要である。

このことは、教育界で、**指導と評価の一体化**と言われてきたことと通ずる。ここで強調されているのは、第1に、「教育目標に沿った指導をしたら、評価もそれに対応したものになっていなくてはいけない」ということだ。たとえば、「自分の考えを論理的に述べること」を国語科の目標としてあげるならば、漢字テストや市販テストのみで評価をしていてはまずいことになる。もしそうなると、目標が達成されたかを確認できないばかりか、そうした評価しかされないことを学習者が知ると、作文など書かずに、テストに対応した学習しかしなくなってしまいかねない。

さらに、第2に強調されているのは、「評価したことを、次の指導に生かす」ということである。これは、診断的評価や形成的評価ではあたりまえのことであるが、定期テストのような総括的評価ではついおろそかになりがちである。実際の指導において、テストや作品提出などでの評価が、点数や評定のフィードバックで終わってしまうことはしばしばある。教師、あるいは、学習者自身が、そこから有効な情報を引き出し、学習改善につなげていくことが望まれる。

2. 診断と評価の方法

(1)診断・評価の種類とその特徴

学力についてさまざまな考え方や議論があることを第一章で見てきたが、学力の診断・評価についても、学校現場で用いられる方法はいろいろである。それらを概観するときに、「フォーマルな評価」、「インフォーマルな評価」というのは一つの軸となる。たとえば、フォーマルな評価から順に並べてみると、次のようになろう。

①指導要録――文部科学省が様式を定めた、学校における評価記録の原簿
②通知表――学期ごとに児童・生徒や保護者に通知される成績の総括的な評価
③ペーパーテスト――定期テスト、授業中の小テストなど
④製作物――比較的長い時間をかけてつくられる作文・レポート・作品など
⑤実技テスト――実技、発表、口頭試問などの評価
⑥ポートフォリオ――学習過程で蓄積された記録や中間製作物
⑦授業内の行動観察――日常的な授業の中での応答、解答のようすなど
⑧質問紙、自己評価――学習者自身による学習状況の記述、評定、感想など

評価方法＼特質	実態把握の深さ	評価の客観性
標準テスト	×	○
教師作成テスト	×	○
質問紙法		○
問答法	○	
観察記録法	○	×
レポート法	○	×
制作物法	○	×

○印はその点に関して優れていることを、×印は劣っていることを表す。

表7-1　さまざまな評価方法の特徴（梶田、2010）

この中でも、学校教育の中で圧倒的に多く用いられているのはペーパーテストと言えるだろう。ペーパーテストは、実施の容易性、客観性、公正さなどが長所とされているが、反面では、測定される学力が限定されてしまうという欠点もある。

梶田（2010）は、表7―1のように、さまざまな評価方法の特徴をまとめている。どの方法にも長所と短所は存在するため、実際には、いくつかの方法を併用して、多面的な評価をするとともに、それぞれの短所を克服するような工夫をしていく必要がある。表7―2は、そうした工夫の具体例をまとめたものである。

なお、いろいろな評価方法を比較検討する

評価方法	短所是正方向	具体的方法例
標準テスト	深い把握	・正答・誤答のパターンから実態を構造的に把握できるよう質問構成の構造化を工夫する。 ・分節化した論文体テストなどを加味する。
教師作成テスト	深い把握	(上に同じ)
質問紙法	(深い把握)	・解答パターンから実態を構造的に把握できるよう質問構成の構造化を工夫する。 ・内容分析の枠組みを準備し、自由記述をさせる。
問答法	(客観性)	問題の配列法、正答・誤答の基準をはっきりさせておく。
観察記録法	客観性	観察の要点と評価の基準を明確にする。
レポート法	客観性	観察の観点と基準を明確にしておく。
制作物法	客観性	(上に同じ)

表7-2　評価方法の短所の是正（梶田、2010を改変）

ときに、信頼性と妥当性という観点は非常に大切である。**信頼性**（reliability）とは、ある指標がどれくらい再現性のある安定した値をとるかということである。たとえば、評定者によって大きく値が異なってしまうようであれば、信頼性が高いとは言えない。そこで、入試の小論文などでは、評定の観点や基準を事前に設定し、できるだけ客観的な評定値が得られるようにしていることが多い。一方、**妥当性**（validity）とは、ある指標が、本来測ろうとしている特性をどれくらい的確に表しているかということである。テストであれば、内容に偏りがないか、測りたい能力と問題の内容がずれていないか、そのテストの高低が他の指標やその後の成績などと整合的か、などを検討することになる。

1950年代	相対評価による指導要録、通知表
1960年代	全国学力テストの実施、廃止
1990年代	観点別学習評価の導入
2000年代	到達度評価の徹底、規準・基準の明確化
	全国的学習状況調査（基礎基本と活用）
2010年代	学力の三要素、観点別学習評価の修正
2020年代	観点別評価の修正（小中高での実施）

表7-3　戦後の学校教育における評価の変遷

（2）学校教育における評価方法の変化

我が国の学校教育で、第2次大戦後に、評価方法がどのように変化してきたかをここで大まかに振り返っておこう（表7－3）。戦後、アメリカから客観的、科学的な評価方法がかなりはいってくるようになる。これは、主として教育心理学で開発されてきた測定・評価論に基づいている。つまり、人間の諸能力が正規分布していることを前提として、5つの段階に区分した相対評価による学業成績が通知表や指導要録に記載されるようになる。また、1961年からは中学校2～3年生に「全国中学校一斉学力調査」が実施されるが、学力競争をあおることになるという批判がなされ、1965年には抽出調査となり、1966年を最後に廃止されることとなった。当時は、「偏差値教育」という言葉もあったように、学力の相対的な高低が重要視され、高校受験、大学受験がかなり過熱していく時代だったことが背景として考えられる。また、教育界には、もっぱらテストの点数に基づいた相対評価が、成績の低い子どもたちの学習意欲を損なうことになるという根強い批判があった。

１９８９年の学習指導要領改訂に伴い指導要録も改訂されることになるが、このとき、「関心・意欲・態度」「思考・判断」「技能・表現」「知識・理解」といういわゆる**観点別学習評価**が重視されるようになる。関心・意欲・態度を最初に置き、それまで重視されていた知識・理解を最も後ろに置いたという点にも、１９９０年代の「新しい学力観」「ゆとり教育」の基礎となった教育理念が表れている。１９９８年に、俗に「ゆとりの集大成」と言われる学習指導要領改訂が行われるが、その流れを受けて、相対評価（集団準拠評価）よりも絶対評価（到達度評価、目標準拠評価ともいう）がいっそう重視されるようになり、児童・生徒の学習状況をさまざまな規準（評価の観点や次元にあたるもの）と、基準（それぞれの規準において、どれくらいのレベルにあたるかというもの）によってていねいに評価することが推奨されるようになった。

この時期、一方では、２０００年前後の「学力低下論争」（第一章参照）で、学習意欲や知識・技能面での学力がかなり低下していることや、国が学力の変化を把握することを怠ってきたことを指摘する声が高まり、２００７年には、実に43年ぶりに「全国学習状況調査」と呼ばれる学力調査が復活し、小学6年生と中学3年生を対象に実施された。このテストはＰＩＳＡの影響もあり、基礎基本的な知識を問う問題（A問題）とともに、日常場面での活用を見る問題（B問題）が、算数・数学と国語それぞれに設けられていることが大きな特徴である。

２００７年の学校教育法の改正では、それまでの学力論議を踏まえて、学校で育てる学力とは、①基礎的・基本的な知識・技能、②知識・技能を活用して課題を解決するために必要な思考力・判断力・表現力等、③主体的に学習に取り組む態度、であることが明示された。これが、**学力の三要素**と呼ばれるようになり、２００８年の学習指導要領にも引き継がれた。これに伴う指導要録の改訂に際して、それまでの観点別学習評価とこの学力の三要素との調整が図られたが、大きな変更はせず、並べ方の順序や各教科ごとの細目は、これまでの四観点をほぼ踏襲した。

(3) 観点別学習評価の現状と課題

２０１７年の学習指導要領の改訂に伴い、通知表の原簿にあたる「指導要録」が

２０１９年に改訂された。ここでは、従来小・中学校で行われていた観点別評価が四観点から三観点になり、教科間でも完全に統一され、さらに高校にも導入されるようになった。ここには、教育心理学の視点がかなり盛り込まれている。三観点とはどのようなものであるかを、ここで押さえておこう。

①「知識・技能」の評価

「知識・技能はこれまで通り、ペーパーテストで評価すればよい」という声もある。しかし、「深い理解」という視点から見ると、断片的な知識で答えられるような選択式問題や空所補充問題だけでなく、知識相互の関連づけを問う記述式問題がほしい。また、解決プロセスを論理的に表現するようなテストも必要である。「理解」という言葉が観点別学習評価から一見消えたように見えるが、「理解を伴った、活用できる知識・技能」であることが前提である。入試場面では短時間で一人一人をじっくりと見て評価することは困難だからこそ、学校での指導・評価においては、ていねいに取り組むことが求められる。

②「思考・判断・表現」の評価

これからの学習で求めたいのは、知識・技能を活用したより高い知的活動である。テストでの応用・発展問題に限らず、発表や討論の様子、レポートや作品などの提出物が、評価の材料として使える。提出したというだけでなく、知識・技能をもとに自分なりに考えているかという内容面を評価したい。これは、中教審答申（2016）で「深い学び」について解説されているところの、「情報を精査して考えを形成する」「問題を見いだして解決策を考える」「思いや考えを基に創造したりする」などにあたる。活用・探究、創作表現、コミュニケーションなどの資質・能力を育て、評価する必要がある。

③「主体的に学習に取り組む態度」の評価

小・中学校で、従来「関心・意欲・態度」と言われていた観点をなぜ変えたのかと言えば、内面を推し測ることの難しさから、つい「挙手の回数」などの形式的・表面的な指標になってしまったことへの反省があったからである。学習にどのように取り組んでいるかという意思・行動面を評価していくことが望まれる。その際、図7-1にあるように、取り組みの努力を、量的側面にあたる「①粘り強い取組を行おうとする側面」と、

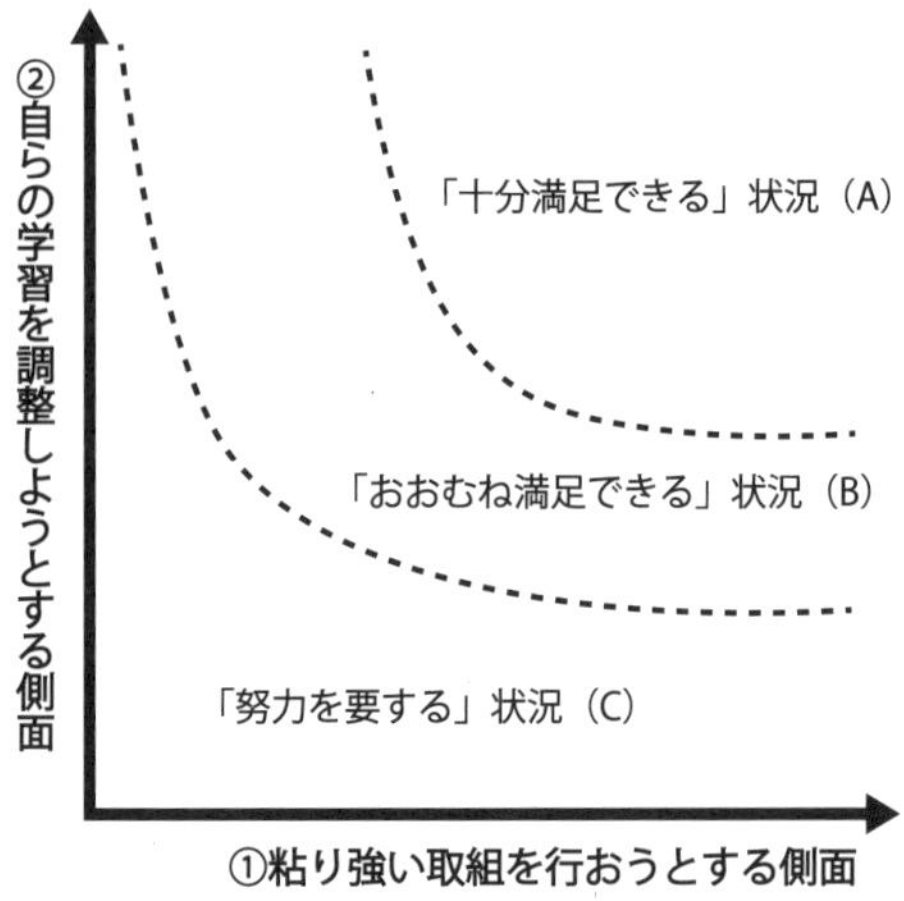

図7-1　「主体的に学習に取り組む態度」の評価のイメージ
（国立教育政策研究所、2019）

質的側面にあたる「②自らの学習を調整しようとする側面」から見ていくというのがポイントである。たとえば、自分なりの目標設定や見通し、学習計画、学習状態の自己評価、学習方法の工夫、テストの振り返りレポートなどが学習評価のための資料となりうる。ここには、自己調整学習（コラム4－1参照）の考え方が大きく影響を与えていることがわかる。

3．新しいタイプの学力診断・評価

学力の診断・評価について、新しい動きをいくつか見ておきたい。従来のテストは、小学校の単元テスト、中学校・高校での定期テスト、高校入試、大学入試問題などがその典型であり、教科書に出ているような内容をどれくらい習得しているか、また、それを使った応用問題がどれくらい解けるかというものがほとんどであったと言えるだろう。すなわち、学習指導要領や教科書に表れているような教科体系に沿った知識・技能を測定し評価するものだった。

(1) 算数・数学の学力・学習力診断テストCOMPASS

人間の認知的な情報処理モデルに沿って、数学的問題解決における要素的な学力を診断するのが、COMPASS（componential assessment）というテストである（市川他、2009）。従来の数学のテストが「数と式」「方程式」「関数」「図形」といったような領域別に出題し、得点化するのと対照的に、COMPASSはそれぞれの領域の問題解決に共通する学力の構成要素（コンポーネント）を診断しようとする。図7－2は数学の文章題を解決するときの認知モデルであり、解決過程の中にコンポーネントが位置づけられている。

それぞれのコンポーネントを診断するために、数分の制限時間で解くような課題（task）が用意されている。たとえば、「数学的概念に関する知識」としては、用語を正しく理

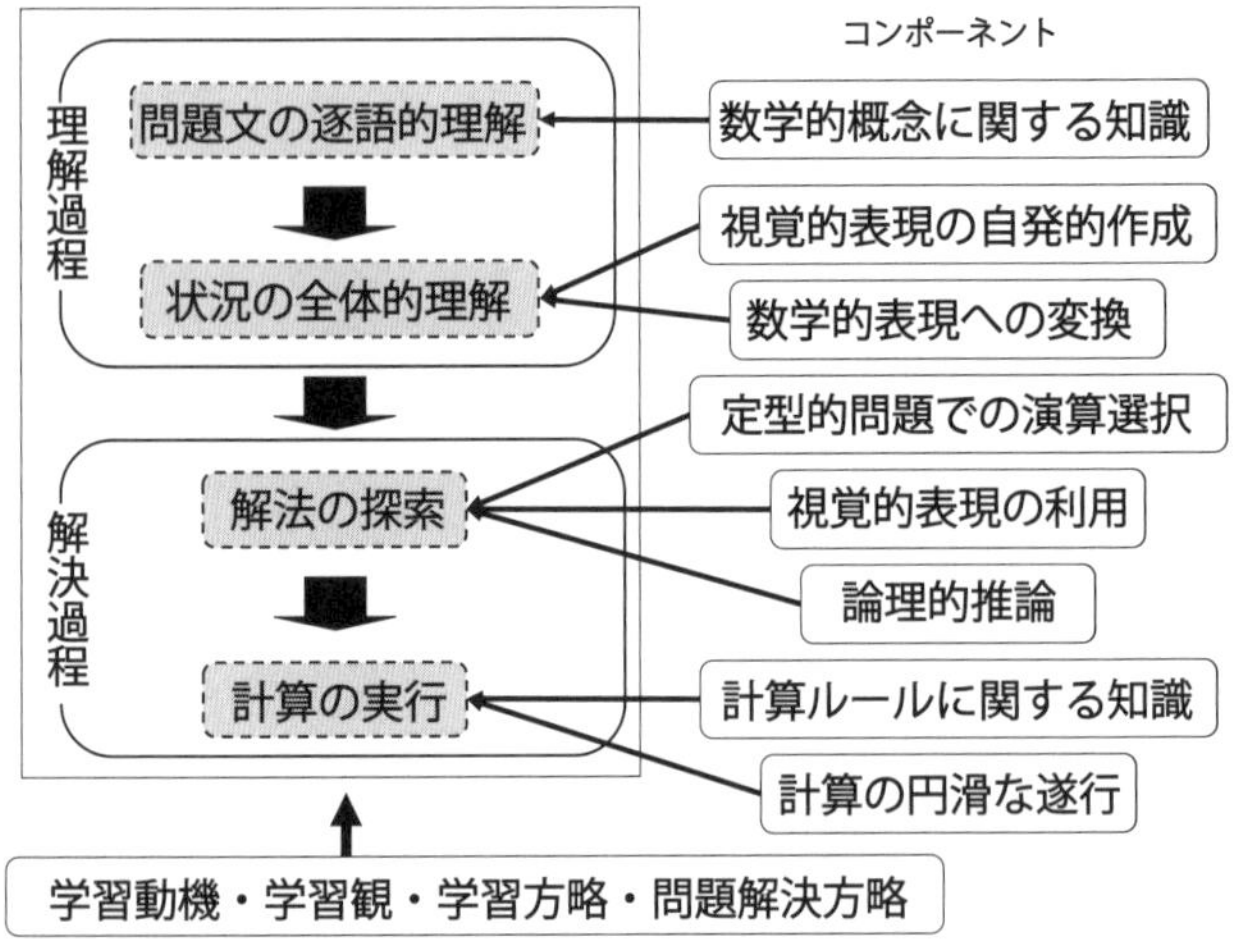

図7-2　数学の文章題解決過程とコンポーネント

解しているかどうかを見る問題、「視覚的表現の自発的生成」としては、問題文を読んで状況を理解するための図を作成できるかどうかを見る問題などがある。

また、第二章の2（2）で紹介した学習動機や、コラム3−1で紹介した学習観の項目も自己評定式の質問項目としてはいっている。これらの結果は、得点プロフィールと学習改善のためのメッセージとして、児童・生徒にフィードバックされる。

(2)日常的文脈での活用力を評価するテスト

これまでにも紹介してきたPISA(国立教育政策研究所、2010)や全国学力状況調査B問題などは、ペーパーテストという形態ではあるが、その内容は従来の学力テストとはかなり異なっている。学校の授業や教科書で習うような教科そのものの知識というより、その知識を日常生活場面で活用して問題解決ができるかという視点で問題が作られている。

たとえば、PISAの読解力テストというのは、国語によくある文章読解テストとは異なり、新聞や雑誌に出てくるような記事や意見を材料にすることが多い。内容を理解するだけでなく、書き手の立場を考えて自分なりの論評を加えることなども要求される。2018年度の問題(図7-3)では、ラパヌイ島(イースター島)で調査研究をしている教授が書いたブログ記事とそれに関連する評論や科学ニュースを読みながら、なぜラパヌイ島の森林が消滅したのかの説を比較検討させるという問題設定になっている。

ラパヌイ島
問 6/7

右のタブをクリックすると、それぞれの資料を読むことができます。

二つの説に関して、それぞれの原因とそれらに共通する結果を正しい位置にドラッグ＆ドロップして、下の表を完成させてください。

二つの説

原因	結果	提唱者
		ジャレド・ダイアモンド
		カール・リボと テリー・ハント

モアイ像は同じ石切り場で彫られた。	ナンヨウネズミが木の種を食べ、その結果新しい木が育たなかった。	移住者はカヌーを使ってネズミをラパヌイ島に連れてきた。
ラパヌイ島にあった大木が消滅した。	ラパヌイ島の住人は、モアイ像を運ぶために天然資源が必要だった。	人間は耕作やその他の理由のために木を切って土地を切り拓いた。

図7-3　PISA2018の読解力テストの設問例（国立教育政策研究所、2019）

(3) パフォーマンス評価の発展

もう一つの大きな動きとして、**パフォーマンス評価**のさまざまな方法が発展し、学校現場にも取り入れられるようになってきたということがあげられる。いわゆるペーパーテストが、一律に与えられた問題に一定時間とりくませ、どれだけ正答できたかによって評価する方法であるのに対して、パフォーマンス評価は、製作物や実技・実演から評価する方法である。中には、数日から数週間かけて取り組むものもあり、断片的な知識・技能よりは、それらを総合的に活用し、さらに自分なりの創意工夫を盛り込むことも期待される。学習のプロセスにおける中間的な資料や製作物などをファイルにしたものを**ポートフォリオ**と呼び、これを学習者が振り返って自己評価したり、教師がそれを見ながらアドバイスしたりするのに使われる。

作品、論文、発表、実技などを評価することは、手間がかかる上に主観的になりやすく、我が国の学校での評価、さらに入学試験などではあまり重視されない傾向があった。しかし、客観的に採点のできるペーパーテストのみで評価していると、学習者は断片的な知識を暗記することが目標であるかのようにとらえ、そのようなテストに適応するような学習しかしなくなってしまうという問題が常に指摘されてきた。前述したように、学校教育法や学習指導要領の中でも、思考力・判断力・表現力などの育成が明示されるようになり、それらをどのように評価に組み入れ、学習者を方向づけるかということがいまあらためてテーマとなっているということである。

規準・基準の明確化というのは、主観的になりがちな評価をできるだけ客観的に行うための一つの方法である。パフォーマンス評価の場合には、**ルーブリック**という評価基準表が作成されることがしばしばある。たとえば作品の場合、数段階のレベルを設定し、それぞれのレベルはどのような特徴を備えたものか、その典型例はどのような作品かを例示する。採点者には若干の訓練を行い、判断が大きく逸脱しないようにしたり、複数の採点者が評価するなどの工夫をする。こうした努力は、確かに手間のかかることではあるが、学習者に本来の学習目標に向かわせ、そのために必要なフィードバックを与えるためには必要なことと言えよう。

参考図書

・梶田叡一（2010）『教育評価　第2版補訂2版』有斐閣
教育評価について、体系的かつ具体的に書かれており、定評のある教科書としてすすめられる。
・池田央（2007）『テストの科学：試験にかかわるすべての人に』教育測定研究所
学力テストを中心に、問題作成、採点方式、実施・利用のしかたなど、広範にわたる内容をコンパクトにまとめたもの。高度な内容もあるが、つとめてわかりやすく具体的に書かれている
・西岡加名恵・田中耕治（編著）（2009）『「活用する力」を育てる授業と評価 中学校：パフォーマンス課題とルーブリックの提案』学事出版
パフォーマンス評価によって思考力・判断力・表現力などがどのように評価できるか、ポートフォリオによって、学習のプロセスをどのようにとらえることができるかを解説している。

◉第八章

授業力と授業改善——教員研修のあり方

教師の授業力向上のために、授業前、授業中、授業後にどのような活動が求められるかを整理する。教材研究はいうまでもないが、学習者の理解度や困難度をイメージすること、リアルタイムで診断しようとすることが重要である。授業後の検討会（協議会）として、最近、小グループによる討論を入れたワークショップ型のものが盛んになっている。ここでは、「教えて考えさせる授業」の協議会で行われている「三面騒議法」を紹介する。

1. 教師に求められる知識と学習過程

（1）教材研究と学習者研究

一般の学校教員の多くの仕事の中で、最も中心的なものは、授業における教科指導と言えるだろう。大学の教員養成課程でも、授業をうまく行うためのカリキュラムに重点がおかれ、実際、教員になってからも授業の計画、準備、実施に費やされる時間が大きなウェイトを占めている。また、社会が学校にまず期待しているのも、子どもたちに基本的な教科学力をつけてくれることではないかと思われる。

授業を効果的にすすめる力、すなわち**授業力**にはいろいろな要素が含まれる。教科を教えるのであるから、当然ながら**教材研究**の力は必要である。教材研究とは、文字通りの意味で言えば、「教えようとする内容についての理解を深め、授業で用いる適切な素材を選択、あるいは、作成する」ということになる。生徒に教えようとする内容についてよく知っておくことや、さまざまな教え方を工夫したりすることが大切なのは論をまたない。それは、子どもに対して、深い理解を促す授業の大前提とも言える。

しかし、教材研究の対象が、「教材」のほうに向いている限りは、子どもに受け入れられ、子どもに力をつける授業にはならない。一方で必要になってくるのは、**学習者研究**である。つまり、子どもにとって何が困難なのかを理解し、それに対応するにはどうすればよいか、を知ることである。ここに、学習者についての心理学的理解が必要になってくるのである。とりわけ重要なのは、

①どういう学年の子どもはどのような理解（誤解も含め）をしがちか。

②同じ学年でも、どのような学力のバラツキがあるか。

③一般論としてだけではなく、実際の授業や個別指導において、理解（誤解）状態を探る（診断する）にはどのような手立てがあるか。

ということであろう。①、②については、教師としての経験によってしだいに豊かな知識となっていくが、認知心理学における素朴概念の研究なども参考になる（コラム8－1参照）。また、③については、教育方法上の経験に依存するが、認知カウンセリング（第四章参照）の技法などを意識して、学習者自身の行動や発話から認知状態を見取るという姿勢が重要である。

コラム8－1　素朴概念

科学的に正しいと認められている事実や理論が学校では教えられるが、子どもたちは自然現象や社会現象について、素朴概念(naive concepts)という自分なりの信念をもっている。とくに、力とか電流とはどういうものかについては、多くの心理学的研究がある。

図8-1(a)の投げ上げ問題、(b)の振り子問題について、それぞれどのような力が物体にはたらいているかを書き込んでみよう。正解は、投げ上げ問題では、つねに下向きの重力だけ、振り子問題では重力と糸の張力だけである。ところが、図8-2のように、動いている方向に力がはたらいているとする誤りが大人でも多い。

図8-1

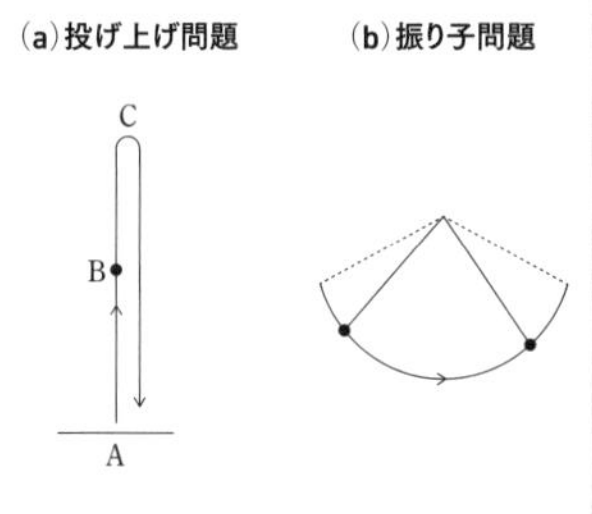

図8-2

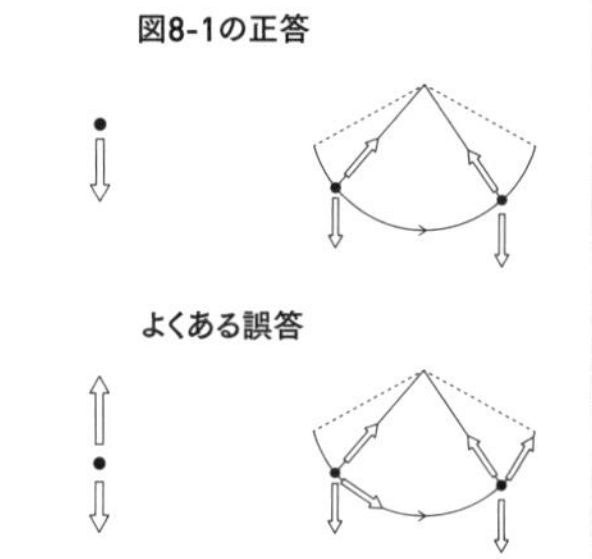

これは、「物体が動く方向に力がはたらいている」という信念をもっているためで、典型的な素朴概念である。学校で物理学を習っても、大学生や社会人になると科学的概念から素朴概念に戻ってしまうことがよくあるという。教師自身が正しく理解しそれを伝えたとしても、子どものほうがそれを正しく理解するとは限らないことを素朴概念の研究は教えてくれる。学習者自身が、自分の素朴概念を自覚し、なぜそれが間違いだったのかを納得できるような教え方を工夫することが教師には求められることになる。

- 内容に関する知識
- 一般的な教育方法に関する知識：教材を伝達するときに現れる、教室を運営し組織する広く一般的な原則と方略に特に言及する。
- カリキュラムに関する知識：教師にとって「交換の道具」として役立つ教材とプログラムについての特定の理解。
- PCK：教師に特有の領域であり、専門職的な理解の特別な形である。「内容に関する知識」と「教育方法に関する知識」の「特別な混合物」である。
- 学習者とその特性に関する知識
- 教育の文脈に関する知識：グループもしくは教室での学習、学区の政策や財政から、コミュニティと文化の特性まで幅広い。
- 教育の目的、目標、価値、そしてそれらの哲学的歴史的基盤に関する知識

表8－1　ショーマンの示した教師の知識基礎（八田、2010より）

（2）教科内容の知識と教授法の知識

アメリカの教師教育は、1980年代から盛んになったと言われるが、その中心となった研究者にリー・ショーマン（Lee S. Shulman）がいる。彼によると、教師にとって重要な知識として、教えることに対する内容的知識（content knowledge）と、どのように教えるかに対する方法的知識（pedagogical knowledge）があるが、両者が結びつき、この内容を特定の子どもに教えるとすればどういうやり方がよいかという実践的知識が必要となる。これを**教育学的内容知識**（pedagogical content knowledge, PCK）と名づけた。

八田（2010）は、ショーマンの理論と活動の展開を詳しく紹介している。表8－1は1987年に整理された、教師に必要とされる

知識基礎（knowledge base）である。こうした知識を獲得していくために、

①教材内容についての深い理解（understanding）
②学習者にどのように表現すればよいかという翻案（transformation）
③授業での指導（instruction）
④指導中や指導後の学習評価（evaluation）
⑤自分自身の教え方についての省察（reflection）
⑥新たな理解（new comprehension）

という教師の学習過程を通して教師が学んでいくというモデルを示しており、これを**教育学的推論と行為**（pedagogical reasoning and actions）と呼んでいる。

2. 授業づくりの段階ごとに見た授業力

ここでは、上記のような教師に必要な知識を踏まえて、より具体的に、授業づくりの段階に沿って、どのようなスキルや行動が教師に求められるかを考えていこう。

(1) 授業前の教師力——構想力

「教師は授業で勝負する」とはよく言われる言葉だが、授業で勝負するためには、授業前と授業後が、実は重要である。まず、授業前を考えてみたい。ここで必要なのは、授業の**構想力**とでもいうべきものである。教育内容の深い理解、適切な目標設定のもとに、指導案という授業シナリオを作ることが求められる。授業の流れとして、どのような教示・説明をするか、どのような課題を出すか、どのような発問・指示をするか、と考える。ここは、教材研究が威力を発揮するところになる。

ただし、ここにおいても、「いったい、子どもはどこでつまずきそうか」「どこで時間がかかりそうか」「どんな誤りをしそうか」といったシミュレーションが求められる。第四章で紹介した「教えて考えさせる授業（ＯＫＪ）」では、子どもにとっての難しさを

コラム8-2　レディネスと困難度査定

レディネス（readiness）というのは、ある学習をするための準備状態ができているかどうかをさす心理学用語として、古くから使われている。アーノルド・ゲゼル（Arnold L. Gesell）の古典的な実験では、一卵性双生児の一人には早くから階段上りを練習させた。その子ができるようになった時期に、もう一人が練習を始めた。すると、後から始めた子は、あっという間に先の子に追いつき、短い期間で同じレベルに到達することができたのである。

このことから、ゲゼルは身体的成熟というレディネスが重要で、何でも早くから学習するほうが有利になるとは限らないことを説いた。身体的成熟に限らず、前提となる心身の準備状態ができていなければ学習は成立しにくい。教科の学習でも、「レディネス・テスト」として、新しい学習をするための基礎となる知識・技能がどれくらい身についているかを診断しておくことはしばしばある。

レディネスがそれまでに獲得している状態であるのに対して、「困難度査定」は、これから行う学習がどれくらいできそうかに対する予測である。指導案を考えるときに、この授業で行う説明がどれくらい理解できそうか、課題がどれくらい達成できそうかということを推し測り、難しそうなところには、ヒントを用意しておくなどの工夫を入れる。レディネスが過去の学習の状況だとすると、困難度査定は未来の学習の状況予測であり、一見逆のように見える。しかし、困難度査定をするにも、それぞれの子どものレディネスがどうであるかは大切な情報である。レディネスの見積もりが現実と違っていれば、当然ながら困難度査定もうまくいかないからである。

推測することを**困難度査定**（difficulty assessment）と呼んでいる。教師にとって、これは極めて重要な資質・能力となる。そこには、素朴概念についての心理学的知識も大いに役立つであろう。

さらに、「子どもだったら、おそらく……」という想像力が不可欠である。教師は、かつては勉強が好きで得意な生徒だったという場合が多いであろうから、自分の子ども時代の経験だけから推測すると判断を誤りやすい。個別学習指導（第三章参照）の経験も、この授業前の困難度査定において生かすことができる。

(2) 授業中の教師力——遂行力

いくら指導案がよくできていても、話し方、板書のしかた、子どもの意見の取り上げ方、課題への関わらせ方といった指導技術が伴っていないと、よい授業が実現されない。また、教師なら誰しも経験しているように、なかなか指導案通りにすすまないのが授業というものである。思いがけない子どもの反応があれば軌道修正していく柔軟さも必要になる。

これらを授業の**遂行力**と呼ぶならば、ここでこそ重要な役割を果たすのが、「いったい、子どもたちは、どれくらいわかっているのか」をモニターする力である。子どもの発言、表情、課題への取り組み方などから、理解状態を見取って、このまま進んでいいのか、説明を繰り返したり、かみ砕いて説明し直したりするべきなのか、などを判断することになる。

これは、一般に子どもの学年が上がるにつれて難しくなる。とくに、中学、高校ともなると、生徒は思ったことをすぐ口に出したり、表情に表したりしなくなることが多い。いったい、わかっているのかいないのか、おもしろがっているのかいないのかが、把握しにくくなる。教える量が多くなることとあいまって、教師のほうもつい一方向的な説明を教師ペースですすめ、生徒たちは黙々とノートをとるということになりがちだ。「質問は？」と言っても、なかなか出てこなくなる。

「手を挙げた子どもだけをあてて発言させる」「一人一人独立に課題を解かせて、教師が机間巡視する」「授業の最後には、できた子どもに発表させる」というのは昔からよく見られる授業風景だが、これでは全体の理解状態の分布はおよそつかめない。なにより、子どもたちの参加意識が高まらない。

集団での一斉授業においても、子どもの理解状態を把握しようという姿勢が教師側にあれば、できることはいろいろとあるはずだ。

・答えだけでなく、なぜそう考えたのかの理由も求める。
・その発言に賛成かどうかを、正解かどうかを言う前に生徒に挙手させる。
・ペアや小グループでの相互説明活動や教え合い活動を導入し、そのようすを見る。
・よくわからない箇所には、ノートやワークシートに「?マーク」をつけさせる。
・授業の最後に、わかったこと、わからないことを記述させる。

などが考えられる。

(3)授業後の教師力——省察力

「自分が構想した通りのいい授業ができた」と思えることは、それほど多くない。これも教師であれば、経験していることであろう。うまくいったとしてもいかなかったとしても、それはなぜだったのかを検討して、次に生かす力を、**省察力**と呼ぼう。授業の「振り返り」が必要なのは子どもばかりではなく、教師にこそ必要である。現在では、ビデオで授業記録をとることができるが、それを素材にして自分の授業の個人的な省察に使うというような例は、残念ながら学校現場ではあまり多くない。

振り返りを組織的に行うのが、授業後に検討や反省の機会としてもたれる「協議会」である。しかし、これが形骸的なものになりがちなことは、教師自身からしばしば指摘される。教師集団での上下関係、人間関係もあり、なかなかストレートに意見や質問が出てこないことがある。ベテラン教師に対しては賞賛したり、感謝したりするだけのコメントだったり、逆に若手教師に対して一方的に批判するだけの協議会は確かによく見かけるところである。授業者も他の参加者も、「やってよかった」「ためになった」と思える協議会になかなかならないという。そこで、次に紹介するような、ワークショップ型の研修が最近注目されるようになっている。

3．授業力向上のためのワークショップ型研修

(1)ワークショップ型研修とは

近年、教師の授業力が落ちているのではないかと言われることもあり、さまざまな研

修が行われている。校内研修としては、相互の指導案検討や授業後の協議会、また、教育委員会による初任者研修、十年次研修などを実施している。従来は、研修というと、講師による講義形式のものや、前述したような授業後の検討会が多かった。**ワークショップ型研修**では、全員参加の方針のもとで、数人の小グループによる作業や意見交換といった体験的活動を大幅に取り入れる。内容としては、学級経営や生徒指導などもあるが、その中心となるのは、やはり授業検討会といってよいだろう。

ワークショップ型研修は、受講者の参加意識も高まり、満足度や充実感も非常に高いと言われている。ただし、効果的な研修にするためには、十分な準備と、**ファシリテーター**と呼ばれる進行役の役割が重要である。村川（2012）は、活性化・充実化のポイントして、次のような点をあげ、具体的な事例を紹介している。

①参加者全員が活躍できるように人数や構成を考える。
②課題にあったワークショップ技法を考える。
③事前に課題を提示したり、資料や講演、事例発表を併用する。
④問題の整理に終わらずに必ず解決策を明確にする。

⑤ワークショップ以外のさまざまな手法を併用する。
⑥ワークショップの前に、ゴールイメージとプロセスイメージを提示する。
⑦余裕のある時間設定を行い、時間管理を徹底する。
⑧ワークショップの成果の共有化を図る。
⑨校内研修と自己研修を繫げる。
⑩一人一研究の成果や課題を学校全体に拡げる。
⑪校内においてコーディネイターとファシリテーターを育成する。
⑫研修グッズや研修マニュアルのパッケージ化を行う。

確かに、いずれも重要な点であり、これまでの日本の授業検討会では、こうした点が十分意識され、実行されてこなかった感がある。

(2)建設的な授業検討のために

ワークショップ型の授業検討会が、どれだけ建設的なものになるかは、単にどういう形式や手順で行うかというだけで決まるわけではない。授業者、ファシリテーター、参加メンバーの心構えが極めて重要である。基本的に、その授業のよい点を評価する一方、批判的意見も歓迎するという雰囲気で行うことが望ましい。ただし、抽象的な批判ではなく、「自分ならこうしたほうがよいと思う」という代案を出し合ってこそ、生産的な議論になり、「なるほど、そういう指導方法もあるのか」「次は、それを取り入れてみよう」という前向きな思いをもつことができる。それが授業力の向上につながる。

授業者はあらかじめ、こうした建設的批判を歓迎する気持ちをもち、また、実際そのような態度を示さなくてはならない。ただし、それは、すべての批判に従うということではない。授業者の意図を語ることや、反論することはさしつかえないし、また、最終的に代案を受け入れるかどうかは、授業者、あるいは、参加者一人一人に委ねられているのである。何がベストの案かを競うための討論ではなく、実施された授業に触発されて、いろいろな選択肢がアイデアとして出され、参加メンバーそれぞれが指導のレパートリーを広げることが研修の趣旨なのである。

4. 三面騒議法による授業検討会

第四章で紹介した「教えて考えさせる授業」で使われるワークショップ型の授業検討会に**三面騒議法**がある（「騒議」は騒々しく議論するという意味の造語である）。これは、「良いと思った点」、「問題点と改善案」、「応用できそうなこと」を、それぞれ三色の付箋に記入し、4段階の授業展開に沿って議論し、集約していく方法で、各地の授業検討会で使われて、その有効性が確認されている。

(1)三面騒議法の手順

実際の手続きとしては、まず「授業参観フェイズ」で、授業（あるいは授業ビデオ）を見て、付箋に記入するところからはじまる。参加者は、よいと思った点と、疑問・批判とをバランスよく、遠慮なく提出することが求められる。

授業が終わり、協議会にはいると、「グループ討議フェイズ」になる。参加者は、4～6人程度のグループに分かれ、台紙に付箋を貼りつけていく。台紙は、大きな模造紙を縦に4分割し、①教師の説明（予習もここに含める）、②理解確認、③理解深化、④自己評価・その他、という授業展開に応じて分けておく。それぞれの参加者は、貼った付箋のコメントをもとに、グループ内で意見をひととおり述べていく。意見交換をしつつ、関連する意見を配置し直し、台紙にサインペンで小見出しや矢印などを書き込む。異なる意見が併記されることがあってもよい。

次に、全体での「発表・討論フェイズ」に移る。できあがった台紙を黒板や壁に張り出し、ファシリテーターの司会のもとで、グループの代表者が集約された意見を発表する。ファシリテーターは、論点になりそうな点について、授業者からの説明や意見を聞き、他の参加者からも意見を求める。また、発表されなかった意見以外にも、重要な論点がある場合には授業者、参加者、ファシリテーターから補足する。最終的には、応用できそうなことにも議論が向かうようにしたい。

さらに、「余韻フェイズ」と称して、次のようなところまでもっていくこともある。これは、せっかく出た多様な意見を無駄にしないためにも、意義のあることだ。

・台紙は、付箋を貼ったまま、職員室等共有できる場所に張っておき、お互いの意見を参照しあう。
・授業者を含め、参加メンバーそれぞれが、授業とその検討会から得たポイントをまとめる。

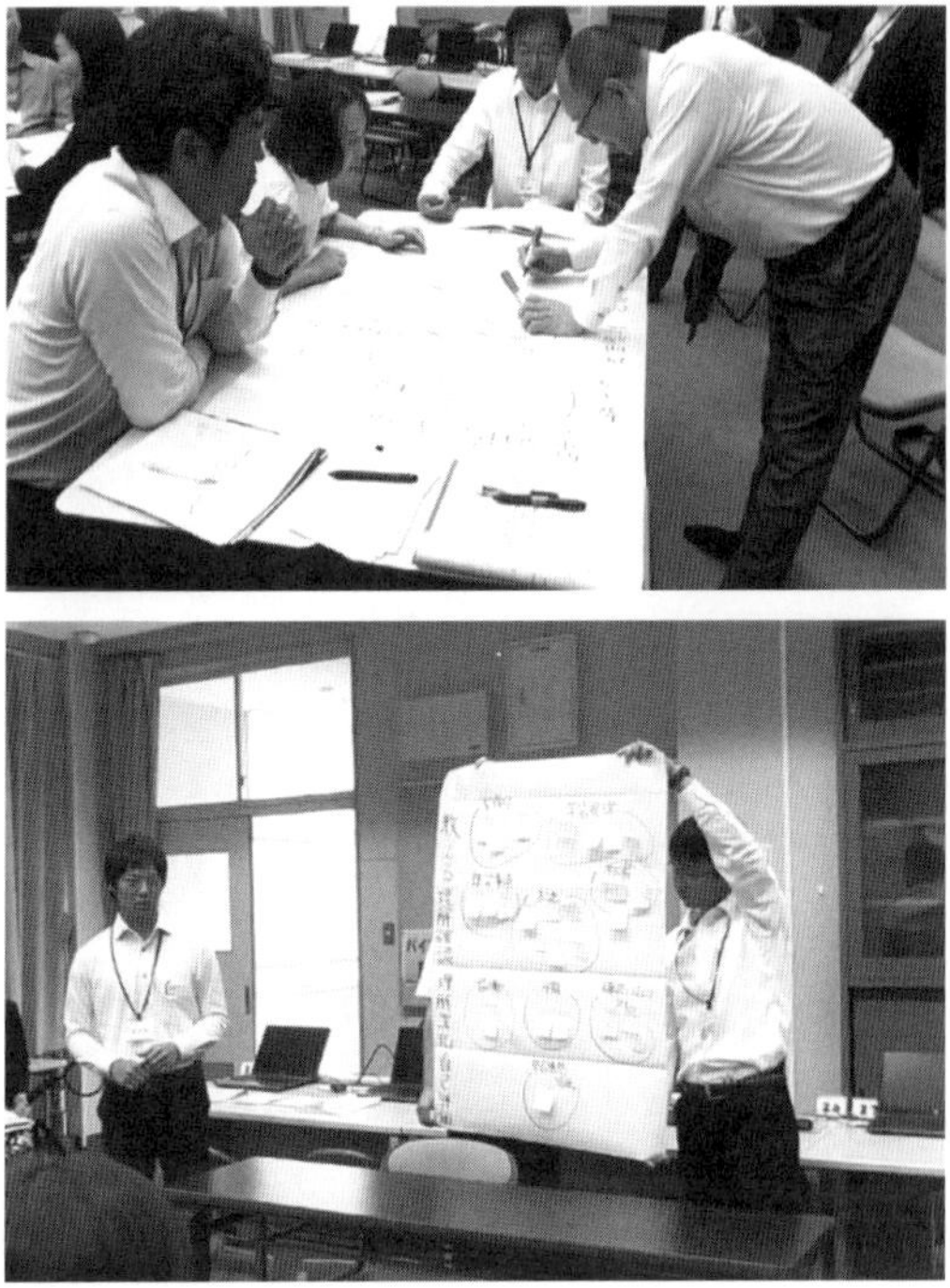

図8-3　三面騒議法の議論と発表のようす

コラム8-3　授業力は低下しているか

近年、若い教師の授業力が落ちているという指摘がしばしばなされる。それが仮に事実だとすると、原因としては次のようなことが考えられる。

まず、高校での理科や地歴・公民の科目に選択が多くなり、昔のように広く学んでいないまま大学に進学し、教師になるため、教師の教科学力が偏ってしまっている。理科や数学を高校では敬遠してしまい、大学入試科目にもなければ、苦手意識をもったまま小学校教員になってしまう。これは、教材研究力の低下に直結する。

加えて、1990年代の「指導より支援」という方針の流れを受けて、教師がていねいにわかりやすい説明をしたり、レベルの高い課題を用意したりすることがめっきり減ってしまった。「教える」ことが古いこと、悪いことのような風潮が高まり、日本の教師の長所であった指導技術が継承されにくくなっている。

そして、これは、なかなか解決しがたい問題だが、ぜひ教師になりたいという若者が減ってきたことが指摘される。教師という激職を支えていたのは、社会からの尊敬や、子どもの成長を促しているという自信や自負であったろう。最近では、昔ほど教師の権威がなくなり、優秀な人たちが、あえて教師になろうとは思わなくなっているという。教員採用試験の倍率も全国的にかなり低下している。

教育立国であるはずの我が国の将来は、「まことに暗い」ということかもしれない。今いる教師たちから、「教師というのは、自らが成長できると実感できる、やりがいのある仕事」になりうるということをアピールしてもらい、またそれが可能な職場としての学校を魅力あるものにしていくことが望まれる。

（2）三面騒議法の実施を通して

筆者が、授業者、参加者、ファシリテーターなどの役割で、三面騒議法による協議会の場に出てきた経験からすると、「盛り上がらなかったことはない」と言ってもよいほどの活発な討議になる。全体の規模は、20名ほどの校内研修から、全国から学校種や教科も異なる初対面の教師が集まる100名ほどのセミナーまである。ポスターが遠慮のないコメントでいっぱいになり、騒々しいほどのグループ討議となる。これが、まさに「騒議」の由来である。全体討論でも、ファシリテーターの引き出した論点をきっかけに、授業者を含めた質疑応答が広がっていく。

中学・高校では教科の壁が厚く、なかなか意見が出にくいと言われるが、そうした障壁が取り除かれる。異なる教科の教員が混在した小グループの中でも、どの教師も疑問や意見を口にする。とくに、教師からの説明の仕方や理解深化課題の代案を出し合うことは、確実に指導レパートリーの拡大につながる。全国から来た参加者からは、「はじめて会った先生方と、遠慮なく意見交換できた」「一つの授業でもいろいろな見方があることがよくわかった」という意見・感想が多く寄せられている。90分ほどの協議会でこれだけの満足感、充実感が得られることは、これまでなかったという。

少しの工夫でも、研修の雰囲気や効果は大きく変わる。授業の中でも児童・生徒の協同活動が導入されつつある今日、教師の協同活動を取り入れたワークショップ型研修は、大きな可能性を秘めていると言えるだろう。

参考図書

・村川雅弘（編著）（2010）『「ワークショップ型校内研修」で学校が変わる　学校を変える』教育開発研究所
　ワークショップ型研修に詳しい多くの著者が、豊富な実践例に基づき、研修のねらい、計画の立て方、成果について解説している。

・市川伸一（編）（2013）『「教えて考えさせる授業」の挑戦：学ぶ意欲と深い理解を育む授業デザイン』明治図書出版
　第1部の第6講で、三面騒議法が解説されている。第2部は、学校や教育委員会の「教えて考えさせる授業」への取り組みの様子が紹介されている。

◉第九章

座談会　心理学から見た学力と学習支援のこれから

「はじめに」で述べたように、本書は、放送大学番組『学力と学習支援の心理学』（2014〜2020年度）の放送教材と印刷教材をもとに、主任講師であった筆者が全面的に再構成して、その後の教育界の動向も踏まえ加筆修正したものである。

もとの番組での分担講師のテーマは、次のようであった。植阪友理「個別学習相談による診断と支援」、犬塚美輪「言語活用力を育てる」、瀬尾美紀子「学習の自己調整」「数学力を育てる」、小林寛子「科学的思考力を育てる」。

当時の番組の最終回には、主任講師と4人の分担講師とで座談会が行われた。印刷教材に掲載された座談会の概要と今後の展望を再録して、本書の「長いあとがき」としたい。

学力についての議論は、個々の内容に関する知識の有無、あるいは、全体的なテスト得点の高低に偏ってしまいやすい。また、教科の学習指導に関する議論は、正しい内容をいかにわかりやすく教えるか、という学習者への入力情報の工夫にしばしば陥りがちである。さらに、学習者に求められる学習行動は、しばしば授業で行ったことの反復による定着ということになってしまうことがある。

本書全体を貫いていたのは、学習者の情報処理プロセスをとらえるという認知心理学的な視点であった。どういう問題に正答できたかというだけでなく、学習者が学習内容をどのように意味理解しているのか、あるいは、問題に対してどのように考えて答えを出したのかという思考過程を分析的にとらえるほうが学習改善に役立つ。それをいかにしてとらえ、学習支援に結びつけるかについて、『学力と学習支援の心理学』を担当した4名の分担講師から、それぞれの講義の内容に即して強調点をまとめてもらった。

1. 理解を重視した教育で、学習の質を高める（植阪友理）

かつての「学力低下論争」を受けて、学力向上は社会や学校における重要なテーマとなっている。学力に関心が集まることは、歓迎すべきことである一方で、そこで論じられている対処策は必ずしも十分であるとは言えないのではないだろうか。たとえば、学力を向上させようとする際に提案されている内容は、多くの場合、学習の量を多くすることだけで対処しようとしており、学習の質が軽視されているように感じられる。また、質を高めることを主張する立場であっても、どのようにすれば可能なのかという具体的なアイデアはあまり十分に語られていないように思われる。

どうすれば学習の質を高めることができ、社会で求められる学力の向上を図ることができるのかを考えるうえで、認知心理学の理論は有効な視点を提供してくれる。そもそも、認知心理学が目指してきたことは、人間を一種の**情報処理モデル**と捉え、自立した学習者はどのように学び、どのように考えているかを明らかにすることであったからだ。例えば、理解という言葉一つを取ってみても、認知心理学では単に問題が解けることだけを指して「理解した」とは捉えない。最初は教科書や教師から見聞きした内容であっても、「自分の言葉で分からない相手が納得できるような説明ができる」ことをもって理解したと捉える。「教えて考えさせる授業」（第四章）の代表的技法にも反映されているように、認知心理学を生かすと、こういうことこそを授業の中で求めていくことになる。また、効果的な学習方法（**学習方略**）を活用していたり、それを支える学習に対する考え方（**学習観**）を持っていることも自立した学習者の特徴である。こうした点を育てることに留意して指導を行うことで、質の改善につながる。

教育にかかわる実践者の多くは、長年の個人的な指導体験や成功体験から現在の指導方法を確立しているため、これまでにとってきた指導方略を変更することは容易ではないかもしれない。よほど強い必要感がない限り、そもそも指導方法を変えなくてはいけないという認識は生まれないし、たとえ生じたとしても、どのように対処していけばよいのかが分からず、結局これまで通りの指導法を取り、学習者には「もっと頑張れ」と励ますしかなくなる。

こうした局面を打開するために、心理学を生かした個別学習相談である「認知カウンセリング」（第三章）を経験してみることは有効である。学習に悩む学習者と個別に向き合い、どのようなことにつまずいているのかを、理解の深さ、学習方略、学習観から見直すことによって、これまでの指導で不十分であった点に気づき、質を高めるためのヒントを得ることになる。これは、第八章で教師力の一部として取り上げられている**困難度査定**の力を育てることにもつながる。さらにケース検討会でともに議論することを通じて、こうした発想を意識化したり、指導者同士で共有したりすることにもつながるであろう。

2. 言語活用力の観点から——理解と表現を一体化した活動を（犬塚美輪）

学習指導要領に「生きる力」という言葉が使われるようになって久しい。学力とは私たちがこの社会で生きていくために必要な力であり、教育はその力の獲得を導くものでなくてはならない。生きる力の中には、伝統的に重視されてきたものもあれば、近年になって必要になってきたものもある。国際学力調査の結果などを見ると、日本が「伝統的に重視されてきた学力」において優れている一方で、近年必要性が高まった学力については教育の整備が遅れているようである。

私の担当した講義では，言語活用力に焦点を当て、上述の点を指摘した。言語活用力とは、言語を用いて理解・思考・表現を行うことと定義できる。ＯＥＣＤの学力調査（ＰＩＳＡ）の結果からは、このうち、理解の側面に関しては日本の学習者の成績は優れているものの、表現においては十分な力を獲得しているとは言えないことが示されている。一般的には、理解することと表現すること、つまり、「読むこと」と「書くこと」は別々の課題として取り上げられている。心理学の研究でも、読みの認知プロセスと作文の認知プロセスはほとんど別々に行われてきた。学校の授業でも、読解と作文というように分けて取り上げられることが多い。そこで，上述したように、表現の側面での学力が十分でないと示されると、書くことの指導により力を入れるべきだ、と考えられがちである。

しかし、言語活用力という観点からは、これらは言語を用いた一連の活動の側面として捉えるべきである。実際、私たちは、自分の意見や主張を表現するために、本や資料を読んだり、自分の知識に読んだ内容を加えて他者に説明したりする。また、人に説明しているうちに、より多くの情報が必要であることに気がつき、本や資料を読もうとしたりする。このように、言語を用いて理解することと表現することは、私たちの活動の中で深くつながっているのである。

このように考えると、読むために書く、書くために読む、といったように、より両者を関連づけた指導が必要であると考えられる。ガスリーら（Guthrie et al.,2004）は、ある概念を学ぶことを目的とした一連の活動の中に、読解を組み込み、具体的な方略を教示したり、学習者同士で協同読みを行ったりすることで**概念理解**や**読解スキル**が向上することを示している。この指導は、動機づけを高め読み手がより主体的に取り組むことを目指してデザインされたものである。さらに、自分の理解を他者と共有することを通して、上で述べたように理解と表現を繋いだ活動になっている点も重要である。

すると、読むことと書くことを別々の切り離された活動として取り上げるのではなく、両者が一連の活動であることが学習者により意識されるような指導が必要と思われる。インターネット（特にソーシャルメディア）の発達によって、自分の知識や意見を発信することもより容易になってきた。インターネット上の情報にアクセスし、自分の知識を構築し、それを再びインターネットで表現する、という一連の活動を通して学ぶ機会は、これから増大していくと考えられる。しかし、こうした環境があるということが、ただちに私たちの理解や表現を豊かにするわけではない。このように多様化した情報と表現する機会の拡大のメリットを十分に享受するためには、基本となる**言語活用力**が必要だと考えられよう。読むことから書くことを考える、書くことから読むことを考える、という双方向の活動が十分になされることが、こうした発展的な理解・表現活動に参加する力を身につけていくためにも必要と思われる。

3. 問題解決プロセスを重視した数学学習指導（瀬尾美紀子）

学力の捉え方には様々な立場があるが、心理学から見た学力とは、知識や認知的能力の結合と考えることができる。認知心理学は、記憶に蓄積された知識を用いながら、新しく入ってきた情報をどのように処理していくか、そのために必要な能力にはどのようなものがあるかを明らかにしてきた。認知的能力は、情報をダイナミックに処理する「動的な学力」と言ってもよいだろう。

私の担当した講義では、数学における問題解決力について、心理学から捉えた見方を紹介した。**問題解決プロセス**には「変換」、「統合」、「計画」、「実行」の4つの段階があり、前半の変換と統合の部分では、言語や数学的概念、そして問題の状況ごとにパターン化された問題スキーマという知識を用いてどのような問題かが理解される。後半の計画と実行という部分では、解決のための方針が立てられ、実際に解決するための行動が実行される。こうした認知的処理をスムーズに進めるために、問題解決方略や計算に関する手続き的知識が必要となる。一口に問題解決力と言っても、問題解決プロセスに関わる多様な知識や認知的能力として詳細に捉えることができるのである。

このように心理学では学力を詳細に捉える見方が示されている一方で、こうした見方は現在の教育場面に十分に反映されているとは言い難い。たとえば、数学的問題解決では、問題文を変換して数学的な表象（状況に対するイメージ）として「統合」することが重要な認知的処理である。そして、問題解決に失敗する多くの子どもがこの処理につまずいていることがわかっている。しかし、一般的な教室場面での指導では、多くの場合、「統合」というプロセスを集団的な練り上げで経験し、そのあとは各自で練習問題を「解く」ことが多いと思われる。「統合」の能力を各自が確実に身につけたかどうかといった点を確認することは少ないのではないだろうか。子どものつまずきを減らしていくためには、つまずきやすい、あるいは実際につまずいている段階の認知的能力に焦点を当てた指導が必要になる。

心理学では、そうした特定の段階の認知的能力を高めるための学習方法や指導方法に関する開発が進んでいる。講義の中で紹介したように、問題解決における問題文の統合能力を獲得するためには、問題を分類したり、問題文中の数値の関連性を表した図について考えさせるといった学習活動を取り入れた授業が有効であることが確認されている（Fucks et al., 2004; Jitendra et al., 2007）。また、問題を解いた後にその問題のポイントや正誤の原因を考えておく**教訓帰納**も有効である（第三章参照）。こうした、「解く」以外の多様な学習活動を授業や学習に組み入れることで、問題スキーマの獲得と「統合」能力の向上が図れるのである。

近年の学習指導要領では、「すべての教科における言語活動の充実」や、算数・数学科においては「数学的活動を通して教育目標を達成していくこと」が盛り込まれている。いずれも「活動」が鍵になっている。冒頭で述べた「動的な学力」を明らかにしてきた認知心理学は、「各種の活動」を通した教育を実現していく上で、多くの豊かなヒントをもたらすことができると確信している。

4. 科学的思考力の観点から（小林寛子）

「理科の勉強は好き」だけれど、「理科の授業で学習したことが将来社会に出たときに役立つ」とは思っていない。「観察・実験の結果などを整理・分析した上で、解釈・考察し、説明することなどに課題が見られる」。これらは、平成24年度全国学力・学習状況調査で明らかにされた、小・中学生の現状である。（国立教育政策研究所、２０１２）

この平成24年度の調査では、小学6年生と中学3年生に対し、国語・算数・数学に加え、初めて理科に関する問いが出題された。理科の追加が検討された背景の一つに、従来の学習指導要領において、科学を学ぶ意義や有用性を実感させて科学への関心を高め、科学的な思考力を育てる学習指導の充実が求められていることが挙げられているが、調査結果は、そうした学習指導に未だ課題が残されていることを示している。

はたして、「理科の授業で学習したことは将来社会に出たときに役に立たない」のであろうか。確かに、電流を測ったり、化学変化を起こしたりと、特定の実験器具や物質を使うことは、理科授業に限っての活動であり、将来的には科学者や技術開発者など科学を専門とする職業に就く人だけが行う活動であるかもしれない。しかし、何らかの問いに対し、仮説を立て、観察や試行の結果から、仮説の真偽を確かめて、問いの答えを導いていくという思考は、日常生活でもしばしば行われる。心理学においては、こうしたプロセスの思考全般を**科学的思考**と呼んでいる。

それでは、こうした「科学的思考」を育てるためには、どのような支援が必要と考えられるだろうか。私の分担した講義では、「科学的思考」を扱った心理学の先行研究を基に、適切な思考の仕方と、基本的な原理・原則や概念に関する知識を教授することを挙げた。これらの教授の重要性は、先に述べた平成24年度全国学力・学習状況調査で明らかにされた課題に対しても、観察・実験の結果などを整理・分析する仕方や、解釈・考察・説明に必要な基本的な原理・原則や概念を教授することによって対応可能と考えられることからも、明らかと言えるだろう。

さらに、従来の理科授業では、自力解決や話し合いを通じ、基本的な原理・原則や概念に到達するという課題に取り組ませる指導が一般的だったが、**教えて考えさせる授業**（第四章参照）では、基本的な原理・原則や概念を教えた上で、それを用いて考える課題に取り組ませる指導が提案されていることを紹介した。理科授業を離れた科学的思考を考えてみれば、それが科学者や技術開発者の仕事であれ、日常生活であれ、すでに明らかとされている基本的な原理・原則や概念をすべて導き直すことはまずなく、基本事項を基に発展的な課題に取り組んだり、実生活に活用したりすることが大半である。したがって、理科授業においても、「教えて考えさせる授業」の形式で学習することにより、将来社会に出たときに役立つ形で、科学的思考が育成されると考えられよう。

以上まとめると、心理学では、理科という一つの教科を離れて「科学的思考」を捉え、そこに必要な支援を考えている。こうした観点からは、より社会で汎用可能性の高い思考力を育成する手がかりが得られることが期待できるだろう。

5. まとめにかえて――心理学と教育実践をどう結びつけるか

本書を終えるにあたって、心理学と**教育実践**の結びつきについてまとめておきたい。心理学の中でも最も教育に近い分野は**教育心理学**（educational psychology）であるが、1970年代くらいまでは、基礎的な実験によって学習の原理的法則を見出そうという研究が多く、教科教育を中心とする教育実践とはあまり関連をもたなかった。1980年代以降、認知心理学が高次の認知過程を扱うようになり、教科教育の素材が扱われるようになるとともに、応用研究やフィールドワークも増加し、教育現場と多くの接点をもつようになったのである。

心理学と教育実践との関わり方として、図9-1に3つのモデルを示した。**片道モデル**というのは、「すぐれた教育実践を研究対象として心理学的に分析する」とか、「心理学の知見を生かした教材を作る」のような、一方向的な利用・活用である。**往復モデル**では、「教育実践を心理学的に分析して、実践の改善に生かす」とか、「心理学の理論を

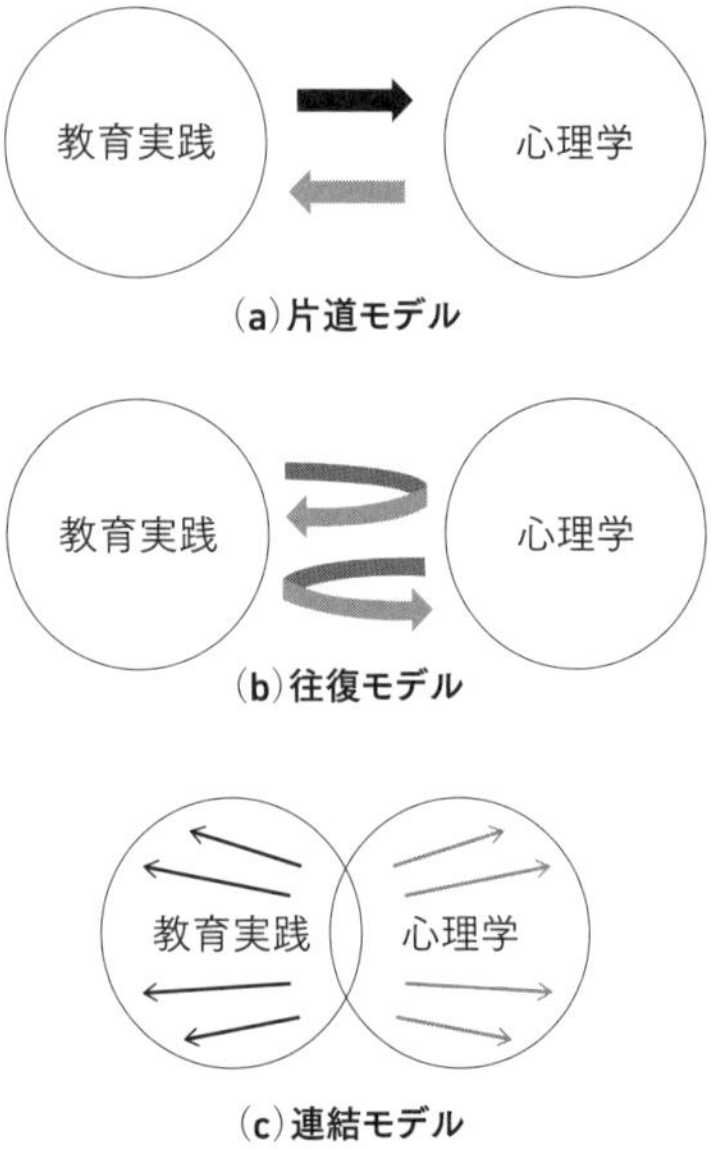

図9-1　心理学と教育実践の関わり方

応用した教育方法を現場で試してみて、その結果から理論を再構成する」というように、フィードバックによって、修正や改善を行っていく。ただし、これらのモデルでは基本的に教育実践と心理学は分業体制をとることが想定されている。

連結モデルは、「心理学者が直接教育実践を行う」、あるいは逆に「教育実践者が心理学の理論的な背景をもちつつ実践を行う」ということによって、新たな心理学的研究や教育実践を生み出していこうというモデルである。これは、個人で行うこともあれば、両者が一体化したチームとなって行うこともあるが、大事なことは、完全な分業体制にしないということである。本書では、「認知カウンセリング」や「教えて考えさせる授業」などで、こうした連結モデルに立った研究のあり方を紹介してきた。こうした研究は、のちに**教育心理学の実践的アプローチ**としていろいろな例がまとめられている（市川、2019）。

これら3つのモデルは、どれが望ましいとか優れているというものではない。どのようなモデルに立つにせよ、教育心理学の実践性が問われてきたこの半世紀、心理学と教育実践が直接的な関心をもち合い、相互に触発しあいながら発展しつつあるという事実と実績が重要である。今後もさらなる展開を期待したい。

参考図書

・市川伸一（編）（2019）『教育心理学の実践ベース・アプローチ：実践しつつ研究を創出する』東京大学出版会

自らの教育実践そのものを研究にしたものと、教育実践からテーマを引き出して基礎研究として展開したものを収めている。本章での4人を含めて、これまで学術論文として発表してきた論文を、心理学を専門としない教育関係者にも読みやすくまとめ直した書物になっている。

理・小林寛子・篠ヶ谷圭太（2009）「数学の学力・学習力診断テスト COMPASS の開発」認知科学、16, 333-347
梶田叡一（2010）『教育評価』（第２版　補訂２版）有斐閣
国立教育政策研究所編（2010）『生きるために知識と技能４ — OECD生徒の学習到達度調査　2009年調査国際結果報告書』明石書店
国立教育政策研究所（2019）「学習評価の在り方ハンドブック」
https://www.nier.go.jp/kaihatsu/pdf/gakushuhyouka_R010613-01.pdf
国立教育政策研究所（2019）「OECD 生徒の学習到達度調査（PISA）：2018年調査問題例」（コンピュータ使用型　読解力問題）
https://www.mext.go.jp/content/000021455.pdf

第八章

八田幸恵（2010）「リー・ショーマンにおける教師の知識と学習過程に関する理論の展開」教育方法学研究、35, 71-81.
村川雅弘（編著）（2010）『「ワークショップ型校内研修」で学校が変わる　学校を変える』教育開発研究所
村川雅弘（編著）（2012）『ワークショップ型校内研修 — 充実化・活性化のための戦略＆プラン43』教育開発研究所

第九章

Fucks, L. S., Fucks, D., Prentice, K., Hamlett, C. L., Finelli, R., & Courey, S. J. (2004). Enhancing mathematical problem solving among third-grade students with schema-based instruction. *Journal of Educational Psychology,* 96, 635-647.
Guthrie, J. T., Wigfield, A., & Perencevich, K. C. (Eds.) (2004). *Motivating reading comprehension: Concept-oriented reading instruction.* Mahwah, NJ: Erlbaum..
市川伸一（編）（2019）『教育心理学の実践ベース・アプローチ：実践しながら研究を創出する』東京大学出版会
国立教育政策研究所（2012）「平成24年度　全国学力・学習状況調査　調査結果のポイント」https://www.nier.go.jp/12chousakekkahoukoku/
Jitendra A. K., Griffin, C. C., Haria, P., Leh, J. , Adams, A., & Kaduverttoor, A. (2007). A comparison of single and multiple strategy instruction on third-grade students' mathematical problem solving. *Journal of Educational Psychology,* 99, 115-127.

西林克彦（1994）『間違いだらけの学習論：なぜ勉強が身につかないか』新曜社
岡田 涼（2022）『日本における自己調整学習とその関連領域における研究の動向と展望―学校教育に関する研究を中心に―』教育心理学年報、61, 151-171
Pylyshyn, Z. W. (1973) What the mind's eye tells the mind's brain: A critique of mental imagery. *Psychological Bulletin,* 80, 1-24.
瀬尾美紀子（2019）「教訓帰納は学校でどう指導できるか」市川伸一（編）『教育心理学の実践ベース・アプローチ: 実践しつつ研究を創出する』東京大学出版会
Seo, M., Wang, M., Ishizaki, T., Uesaka, Y., & Ichikawa, S. (2017) Development and improvement of a learning stratery use enhancement program: Use of lesson induction and elaboration strategies. In E, Manalo, Y, Uesaka, & C. A, Chinn (Eds.) *Promoting spontaneous use of learning strategies.* Routledge.
植阪友理・内田奈緒・佐宗 駿・柴 里実・太田絵梨子・劉 夢思：水野木綿・坂口卓也・富田真永（2022）「自学自習を支援する「オンライン学習法講座」の開発と高校での実践」教育心理学研究、79, 404-418
Zimmerman, B. J. (1989) A social cognitive view of self-regulated academic learning. *Journal of Educational Psychology,* 81, 329-339.

第五章

市川伸一（1998）『開かれた学びへの出発：21世紀の学校の役割』金子書房
狩俣 智（1996）「Researcher-Like Activityによる授業の工夫：RLAの中学校の数学教育への適用」琉球大学教育学部教育実践研究指導センター紀要、4, 1-9

第六章

中央教育審議会（1996）「第1次答申 21世紀を展望した我が国の教育の在り方について：子供に「生きる力」と「ゆとり」を」文部科学省（ウェブページで閲覧可）
市川伸一（編）（2003）『学力から人間力へ』教育出版
人間力戦略研究会（2003）「人間力戦略研究会報告書 若者に夢と目標を抱かせ、意欲を高める：信頼と連携の社会システム」内閣府（ウェブページで閲覧可）
スポーツ庁・文化庁（2022）「学校部活動及び新たな地域クラブ活動の在り方等に関する総合的なガイドライン」（ウェブページで閲覧可）
特定分野に特異な才能のある児童生徒に対する学校における指導・支援の在り方等に関する有識者会議（2022）「審議のまとめ：多様性を認め合う個別最適な学びと協働的な学びの一体的な充実の一環として」文部科学省（ウェブページで閲覧可）
角替弘志（1988）「社会教育と学校教育」、林部一二・藤村 和男・加藤 雅晴・角替 弘志・佐藤 守（1988）『社会教育の基礎』実務教育出版

第七章

市川伸一・南風原朝和・杉澤武俊・瀬尾美紀子・清河幸子・犬塚美輪・村山航・植阪友

ングの事例を通しての提案と考察」教育心理学研究、48, 361-371
市川伸一（2001）『学ぶ意欲の心理学』PHP研究所
Pylyshyn, Z. W. (1973) What the mind's eye tells the mind's brain: A critique of mental imagery. *Psychological Bulletin*, 80, 1-24.
植阪友理（2010）「学習方略は教科間でいかに転移するか：「教訓帰納」の自発的な利用を促す事例研究から」教育心理学研究、58, 80-94
植阪友理・柴 里実・市川伸一（編）（2018）『2017年度学習支援事例：自立的な学習者を育てる認知カウンセリングの実践』東京大学・文京区教育センター

第四章

Ausubel, D. P. (1960) The use of advance organizer in the learning and retention of meaningful verbal material. *Journal of Experimental Psychology*, 91, 267-272.
Bruner, J. S. (1961) *The process of education*. Cambridge: Harvard University Press. 鈴木祥蔵・佐藤三郎（訳）（1986）『教育の過程』岩波書店
深谷達史（2011）「学習内容の説明が文章表象とモニタリングに及ぼす影響」心理学評論、54, 179-196
深谷達史・植阪友理・田中瑛津子・篠ヶ谷圭太・西尾信一・市川伸一（2016）「高等学校における教えあい講座の実践：教えあいの質と学習方略に対する効果」教育心理学研究、64, 88-104
深谷達志・植阪友理・太田裕子・小泉一弘・市川伸一（2017）「知識の習得・活用および学習方略に焦点をあてた授業改善の取り組み：算数の「教えて考えさせる授業」を軸に」教育心理学研究、65, 512-525
伯耆町立岸本中学校（2017）「中学校の授業改善から小中の協働的改革へ」市川伸一（編著）（2017）『授業からの学校改革「教えて考えさせる授業」による主体的・対話的で深い習得』図書文化社
市川伸一（2000）「概念、図式、手続きの言語的記述を促す学習指導：認知カウンセリングの事例を通しての提案と考察」教育心理学研究、48, 361-371.
市川伸一（2004）『学ぶ意欲とスキルを育てる　いま求められる学力向上策』小学館
市川伸一（2008）『「教えて考えさせる授業」を創る：基礎基本の定着・深化・活用を促す「習得型」授業設計』図書文化社
市川伸一（編）（2013）『「教えて考えさせる授業」の挑戦：学ぶ意欲と深い理解を育む授業デザイン―』明治図書出版
市川伸一（2015）『教えて考えさせる算数・数学』図書文化社
市川伸一・植阪友理（編）（2016）『最新 教えて考えさせる授業 小学校：深い学びとメタ認知を促す授業プラン』図書文化社
市川伸一（編）（2017）『授業からの学校改革：「教えて考えさせる授業」による主体的・対話的で深い習得』図書文化社
伊藤崇達（2008）「「自ら学ぶ力」を育てる方略：自己調整学習の観点から」BERD (Benesse Educational Research & Development Center)、13, 14-18

引用文献

第一章

勝田守一（1972）『人間形成と教育（勝田守一著作集4）』国土社
広岡亮蔵（1968）『学力論（教育学著作集　第1巻）』明治図書出版
市川伸一（2002）『学力低下論争』筑摩書房
志水宏吉（2005）『学力を育てる』岩波書店

第二章

Atkinson, J. W. (1964) *An introduction to motivation.* New Jersey: Van Nostrand
Bandura, A. (1986) *Social foundations of thought and action: A social cognitive theory.* New Jersey: Prentice-Hall.
Deci, E. L. (1971) Effects of externally mediated rewards on intrinsic motivation. *Journal of Personality and Social Psychology,* 18, 105-115.
Deci E. L., & Flaste, R. (1995) *Why we do what we do; The dynamics of personal autonomy.* New York: Putnum's Sons, 桜井茂男訳（1999）『人を伸ばす力：内発と自律のすすめ』新曜社
藤沢市教育文化センター（2022）『第12回「学習意識調査」報告書：藤沢市立中学校3年生の学習意識』
市川伸一（1995）『学習と教育の心理学』（増補版、2011）岩波書店
市川伸一・堀野緑・久保信子（1998）「学習方法を支える学習観と学習動機」、市川伸一（編）（1998）『認知カウンセリングから見た学習方法の相談と指導』ブレーン出版
市川伸一（2002）『心理学って何だろう』北大路書房
市川伸一（2004）『学ぶ意欲とスキルを育てる：いま求められる学力向上策』小学館
Seligman, M. E. P., & Maier, S. F. (1967) Failure to escape traumatic shock. *Journal of Experimental Psychology*, 74, 1-9.

第三章

Craik, F. I. M., & Lockhart, R. S.(1972). Levels of processing: A framework for memory research. *Journal of Verbal Learning and Verbal Behavior,* 11, 671-684.
市川伸一（2004）『学ぶ意欲とスキルを育てる　いま求められる学力向上策』小学館
市川伸一（1989）「認知カウンセリングの構想と展開」心理学評論、32, 421-437
市川伸一（1991）「実践的認知研究としての認知カウンセリング」、箱田裕司（編）『認知科学のフロンティアⅠ』サイエンス社
市川伸一（編）（1993）『学習を支える認知カウンセリング　心理学と教育の新たな接点』ブレーン出版
市川伸一（編）（1998）『認知カウンセリングから見た学習の相談と指導』ブレーン出版
市川伸一（2000）「概念、図式、手続きの言語的記述を促す学習指導：認知カウンセリ

創刊の辞

この叢書は、これまでに放送大学の授業で用いられた印刷教材つまりテキストの一部を、再録する形で作成されたものである。一旦作成されたテキストは、これを用いて同時に放映されるテレビ、ラジオ（一部インターネット）の放送教材が一般に四年間で閉講される関係で、やはり四年間でその使命を終える仕組みになっている。使命を終えたテキストは、それ以後世の中に登場することはない。これでは、あまりにもったいないという声が、近年、大学の内外で起こってきた。というのも放送大学のテキストは、関係する教員がその優れた研究業績を基に時間とエネルギーをかけ、文字通り精魂をこめ執筆したものだからである。これらのテキストの中には、世間で出版業界によって刊行されている新書、叢書の類と比較して遜色のない、否それを凌駕する内容ものが数多あると自負している。本叢書が豊かな文化的教養の書として、多数の読者に迎えられることを切望してやまない。

二〇〇九年二月

放送大学学長　石弘光

放送大学

学びたい人すべてに開かれた
遠隔教育の大学

〒261-8586 千葉市美浜区若葉2-11
Tel: 043-276-5111　Fax: 043-297-2781　https://www.ouj.ac.jp

市川伸一（いちかわ・しんいち）
1953年東京生まれ。東京大学文学部卒業。文学博士。現在，東京大学名誉教授，帝京大学中学校・高等学校校長。中央教育審議会教育課程部会委員として学習指導要領の改訂に関わる。専門は教育心理学。認知心理学を基盤にした個別学習支援や授業づくりなどの実践に携わっている。著書に、『考えることの科学』（中公新書）、『学ぶ意欲の心理学』（PHP新書）、『学力低下論争』（ちくま新書）、『学ぶ意欲とスキルを育てる』（小学館）、『「教えて考えさせる授業」を創る　アドバンス編』（図書文化社）など。

最終章寄稿（掲載順）
植阪友理　東京大学大学院教育学研究科准教授
犬塚美輪　東京学芸大学教育学部准教授
瀬尾美紀子　日本女子大学人間社会学部教授
小林寛子　東京未来大学モチベーション行動科学部准教授

これからの学力と学習支援
心理学から見た学び

2023年6月30日　第一刷発行

著者　市川伸一

発行者　小柳学

発行所　左右社
〒151-0051 東京都渋谷区千駄ヶ谷3丁目55-12 ヴィラパルテノン B1
Tel: 03-5786-6030　Fax: 03-5786-6032
http://www.sayusha.com

装幀　松田行正＋杉本聖士

印刷・製本　創栄図書印刷株式会社

Printed in Japan　ISBN978-4-86528-378-5

放送大学叢書

教育の方法

佐藤学　定価一五二四円+税

いま、社会に求められる学校とはどんな学校なのか。授業の時間に起きていることを比較・分析する方法論を示し、授業研究の歴史を概観する。「学びの共同体」を提唱する著者が打ち出す、学校の未来を考えるための一冊である。

学びの心理学　授業をデザインする
秋田喜代美　定価一六〇〇円+税
教育心理学者・秋田喜代美が最新の学問的成果を、授業の実践方法として提示する。何かと教育が批判される困難の中で、教師と生徒が信頼関係を築くにはどのような視点と活動が必要なのか。だれもが共感もって読める一冊。

道徳教育の方法　理論と実践

林泰成　定価一七〇〇+税

第二部「道徳授業の方法」では、文科省に設置された「特別の教科　道徳」の指導方法・評価方法の例を具体的に解説する。それぞれの長所と問題点を把握しながら進むことにより、目的にあった道徳の授業展開の道標となる。